Christine Fichtinger, Esther Matolycz

Fallbeispiele für Pflegeassistenzausbildungen

Christine Fichtinger, Esther Matolycz

Fallbeispiele für Pflegeassistenzausbildungen

3., aktualisierte und erweiterte Auflage

facultas

Christine Fichtinger
DGKP, Lehrerin für Gesundheits- und Krankenpflege, ÖBAK-zertifizierte Gutachterin für Pflegegeldeinstufungen, seit mehr als 25 Jahren speziell auf dem Gebiet der Heimhilfe-, Pflegeassistenz- und Pflegefachassistenzausbildung tätig. Sie leitete erfolgreich eine Vielzahl von Heimhilfe- und Pflegeassistenzausbildungen sowie Ergänzungsausbildungen für Behindertenfachbetreuer*innen im Rahmen der Unterstützung der Basisversorgung.

Dr.[in] Esther Matolycz
Studium Pädagogik/Bildungswissenschaft und Publizistik- und Kommunikationswissenschaft, DGKP, Lehrerin für Gesundheits- und Krankenpflege. Arbeitsschwerpunkte: Aus-, Fort- und Weiterbildung im Gesundheits- und Sozialbereich, Publikationstätigkeit.

Eine geschlechtergerechte Schreibweise wird in diesem Buch vorwiegend durch die Verwendung der Schreibung mit Stern * realisiert. Ist eine korrekte, alle Endungen berücksichtigende Schreibung auf diese Weise nicht möglich oder erfordert sie Ergänzungen, die den Lesefluss hemmen, so wird – stellvertretend für alle Geschlechter – die weibliche Form gewählt.

Bibliografische Information der Deutschen Nationalbibliothek
Die Deutsche Nationalbibliothek verzeichnet diese Publikation in der Deutschen Nationalbibliografie; detaillierte bibliografische Daten sind im Internet über http://dnb.d-nb.de abrufbar.

3. Auflage 2024

facultas Verlag, 1050 Wien, Österreich
Umschlagfoto: © Shapecharge, istockphoto.com
Satz: Wandl Multimedia-Agentur
Lektorat: Laura Hödl, Wien
Druck: finidr
Printed in the E.U.
ISBN 978-3-7089-2437-3
E-ISBN 978-3-99111-840-4

Inhaltsverzeichnis

Einleitung

Die Verknüpfung von Theorie und Praxis gewinnt in der Pflegeausbildung immer mehr an Bedeutung. Die Praxis bringt authentische Fragestellungen in Form von Problemen in individueller Form in den Unterricht: So können Teilnehmer*innen Wissen erwerben, das sowohl Grundlagenwissen als auch Kenntnisse über die praktische Anwendung in sich vereint. Das Wissen wird auf diese Weise effizient erarbeitet, in weiterer Folge werden Erfahrungen daraus gewonnen. So können anschließend in der Gruppe neue Theorien entwickelt werden.

Ein praktisches Problem besitzt viele Variablen und ist daher einzigartig; auch die Praxis bietet täglich konkrete Einzelsituationen. Das Lernen am Fallbeispiel ermöglicht es, individuelle Ressourcen und Probleme zu erkennen, Einzellösungen zu erarbeiten und die Umsetzung begründet zu planen. Die Implementierung der Fallbeispiele in den Unterricht setzt jedoch pädagogische Grundkompetenzen der Lehrer*innen und Trainer*innen voraus.

Zum Einstieg empfehlen sich eindimensionale Fallbeispiele, die einen Hauptthemenkomplex wie z. B. die Körperpflege umfassen. Anhand des Hauptthemas lernen Teilnehmer*innen, die jeweilige Individualität zu erkennen und die Theorien aus der Praxis begründet an die Einzelsituation anzupassen.

Zweidimensionale Fallbeispiele eignen sich als aufbauende Übungen, um zu lernen, bereits unterrichtete Themenkomplexe miteinander zu verknüpfen. Hauptbestandteile dieser Fallbeispiele sind zwei wesentliche Hauptthemen, die einander mehr oder weniger gegenseitig beeinflussen. Die Teilnehmer*innen haben dadurch die Möglichkeit, vernetzt zu denken und professionelle Lösungen für die Betroffenen zu erarbeiten. Die Fallbeispiele lassen mehrere Lösungen zu – das fördert die individuelle Herangehensweise.

Mehrdimensionale Fallbeispiele bilden die Praxis realistisch ab. Der Pflegealltag präsentiert täglich vielschichtige Probleme, ermöglicht aber auch vielschichtige Lösungen. Das ist es, was mit diesen Fallbeispielen geübt werden soll. Vernetztes Denken und systematisch strukturiertes Vorgehen im Sinne des Pflegeprozesses sind Grundvoraussetzungen dafür. Die Teilnehmer*innen lernen dabei aber auch, dass Grundwissen aus ein- und zweidimensionalen Fallbeispielen übernommen und fallgerecht adaptiert werden kann. So ergeben sich für die Lernenden Basiskataloge zu grundsätzlichen Pflegethemen.

Teil I
Eindimensionale Fallbeispiele

1 Körperpflege

1.1 Körperpflege – Herr K.

Herr K., 82 Jahre, wohnt seit zwei Jahren auf einer Langzeitpflegestation. Aufgrund seiner enormen körperlichen Schwäche liegt er tagsüber oftmals im Bett. Er fühlt sich zumeist zu schwach, um aufzustehen, deshalb möchte er in der Früh gerne im Bett gewaschen werden. Herr K. hilft dabei geringfügig mit, im Großen und Ganzen genießt er es aber, gewaschen zu werden. Er hat schon mehrmals erzählt, dass er früher eigentlich sehr gerne ein Bad genommen habe. Dabei sieht man ihm die Freude auch an seiner Körpersprache an. Aus seiner Sicht ist das Baden leider nicht mehr möglich, die Sturzgefahr sei dabei viel zu hoch.

Aufgabe 1:
Beschreiben Sie Vorbereitung, Durchführung und Nachbereitung der Körperpflege im Bett.

Aufgabe 2:
Erläutern Sie Möglichkeiten, wie Sie die Compliance von Herrn K. fördern können.

Aufgabe 3:
Besteht für Herrn K. die Möglichkeit, zu baden? Begründen Sie Ihre Entscheidung.

1.2 Körperpflege – Frau F.

Frau F., 88 Jahre, wird seit drei Jahren vom mobilen Pflegedienst betreut und gepflegt. Die Kundin hat eine kleine Zweizimmerwohnung mit WC am Gang. Die Altbauwohnung hat kein eigenes Badezimmer, in der Küche befindet sich eine Waschnische mit einer nachträglich eingebauten Duschkabine. Die Gegebenheiten sind sehr beengt und nicht barrierefrei. Frau F. liebt ihre Wohnung sehr, schließlich wohnt sie schon seit 1951 dort. Viele positive Erinnerungen und Nachbarschaftskontakte bestärken sie in ihrer Entscheidung, dort wohnen zu bleiben.

Frau F. kann für das tägliche Duschbad alle benötigten Utensilien selbst vorbereiten, für den Einstieg in die Dusche und für den Duschvorgang benötigt sie jedoch Unterstützung durch eine Pflegeperson. Sie vergisst immer wieder, welche Körperteile schon gewaschen sind und welcher Schritt als nächstes folgt.

Aufgabe 1:
Erläutern Sie im Detail Vorbereitung, Durchführung und Nachbereitung des Duschens von Frau F.

Aufgabe 2:
Welche Beobachtungen können Sie während des Duschens prinzipiell durchführen?

Aufgabe 3:
Welche Möglichkeiten der Körperpflege hätte Frau F. noch, falls sie nicht mehr in die Dusche einsteigen kann? Beschreiben Sie die Möglichkeiten im Detail.

1.3 Körperpflege – Frau O.

Frau O., 91 Jahre, wohnt seit vier Wochen im Seniorenwohnhaus einer Pflegestation. Sie leidet seit Jahrzehnten an einer schweren Gehbehinderung, Ursache ist eine lange zurückliegende Verletzung aus dem Krieg. Anlass der Übersiedelung war ein Sturz in der Wohnung, von dem sich die Bewohnerin nicht mehr erholt hat. Die zunehmende körperliche Schwäche und die Unsicherheiten im Umgang mit dem Rollator beeinflussen das Tagesgeschehen. Frau O. ist sehr gut orientiert, sie berichtet immer wieder freudestrahlend, wie stolz sie auf ihr Alter und ihre Selbstständigkeit ist. Die Bewohnerin gibt bei der Pflegevisite an, dass sie auf keinen Fall im Bett gewaschen werden möchte. Das erinnere sie an ihre damals bettlägerige Mutter; diese Erinnerung schmerzt sie bis heute.

Aufgabe 1:
Welche Möglichkeiten der Körperpflege können Sie Frau O. anbieten? Begründen Sie Ihre Auswahl.

Aufgabe 2:
Beschreiben Sie die Vorbereitung, Durchführung und Nachbereitung einer von Ihnen ausgewählten Möglichkeit.

Aufgabe 3:
Erläutern Sie die Möglichkeiten der Haarwäsche bei Frau O.

1.4 Körperpflege – Frau S.

Frau S., 67 Jahre, wurde vor drei Tagen auf der chirurgischen Station aufgenommen. Die Patientin leidet seit elf Jahren an einer chronischen Dünndarmentzündung und ist auf der Station bereits bekannt.

Die Patientin wurde heute früh operiert, der Eingriff war nicht schwerwiegend. Darüber ist Frau S. sehr erleichtert, die Angst vor einem Stoma war sehr groß. Aufgrund ihres reduzierten Allgemeinzustandes kann Frau S. jedoch nur teilweise bei der Körperpflege mithelfen.

Folgende Vorgehensweise wurde durch die diplomierte Gesundheits- und Krankenpflegerin in der Dokumentation geplant und schriftlich an Sie delegiert:

„Frau S. soll an den nächsten zwei postoperativen Tagen im Bett gewaschen werden. Am dritten postoperativen Tag soll bei Frau S. die Körperpflege im Querbett sitzend durchgeführt werden."

Aufgabe 1:
Erläutern Sie die Vorbereitung, Durchführung und Nachbereitung der Körperpflege im Querbett sitzend.

Aufgabe 2:
Welche Beobachtungen können Sie im Rahmen der Körperpflege vornehmen?

Aufgabe 3:
Beschreiben Sie Vorbereitung, Durchführung und Nachbereitung der Soor-, Stomatitis- und Parotitisprophylaxe. Liegt bei Frau S. eine besondere Gefährdung vor?

1.5 Körperpflege – Herr und Frau S.

Frau S., 91 Jahre, lebt gemeinsam mit ihrem Ehemann in einer geräumigen Eigentumswohnung. Der Zugang zur Wohnung und zum Lift ist barrierefrei, in der Wohnung befinden sich keine Stolperfallen. Das Badezimmer ist sehr eng und mit einer Badewanne ausgestattet.

Herr S. ist 93 Jahre alt, kognitiv teilweise eingeschränkt und mobil. Er vergisst immer wieder wichtige Informationen, Arzttermine sowie private Verabredungen.

Frau S. kann mit sehr viel Mühe mit dem Rollator gehen, der Gang wirkt sehr unsicher, die Beine werden beim Gehen nicht ausreichend angehoben. Die Klientin ist immer gut gelaunt und zeigt eine hohe Compliance.

Frau S. wird täglich von Montag bis Sonntag am Morgen von Pflegeassistent*innen gepflegt, tagsüber ist die Pflege und Betreuung durch Privatpersonen abgedeckt.

Frau S. zeigt sich bei den Einsätzen in großer Sorge. Sie hat Angst, dass ihr Ehemann dement sein könnte.

Aufgabe 1:
Welche pflegerelevanten Ressourcen und Probleme erkennen Sie? Welche Maßnahmen können Sie in die Wege leiten? Begründen Sie diese.

Aufgabe 2:
Beschreiben Sie die Vorbereitung, Durchführung und Nachbereitung der von Ihnen vorgeschlagenen Form der Körperpflege.

Aufgabe 3:
Welche wesentlichen Veränderungen der Haut und Hautanhangsorgane können im Alter oftmals beschrieben werden?

1.6 Mundpflege

Herr F. ist 68 Jahre alt, er wurde vor zwei Wochen auf einer Palliativpflegestation aufgenommen. Vor 11 Wochen wurde ein fortgeschrittenes Prostatakarzinom festgestellt. Die Krankheit schritt rasant voran, die Betreuung zu Hause war nicht mehr möglich. Derzeit fühlt sich Herr F. sehr schwach, den Großteil des Tages verbringt er im Bett. In den vergangenen Monaten hat Herr F. 15 kg abgenommen, die Muskelmasse ist deutlich reduziert. Die tägliche Körperpflege strengt Herrn F. sehr an. Fallweise wird Herr F. geduscht, zumeist erfolgt die Körperpflege im Bett. Herr F. kann dabei, je nach Tagesverfassung, unterschiedlich geringfügig mithelfen. Aufgrund von Knochenmetastasen kann Herr F. beide Arme kaum mehr anheben und die Mundpflege nicht mehr selbst durchführen. Als Folge eines Autounfalles vor Jahren trägt Herr F. eine Oberkieferprothese. Es fällt ihm sehr schwer, bei der Mundpflege Hilfe in Anspruch zu nehmen. Herr F. gibt immer wieder vor, die Mundpflege bereits durchgeführt zu haben, obwohl das aufgrund des Bewegungsradius der Arme eigentlich nicht mehr möglich ist.

Aufgabe 1:
Wie würden Sie den Ablauf der Mundpflege für Herrn F. gestalten? Begründen Sie Ihre Vorgehensweise.

Aufgabe 2:
Welche Folgen kann mangelhafte Mundpflege nach sich ziehen? Begründen Sie Ihre Ausführungen.

Aufgabe 3:
Welche Faktoren sollten Sie generell beachten, um eine Mundpflege angemessen und sensibel durchführen zu können?

2 Kleiden

2.1 Kleiden – Herr S.

Herr S., 78 Jahre, wird seit vier Jahren von den mobilen Diensten betreut und gepflegt. Der Kunde erkrankte vor Jahren an Diabetes mellitus Typ II. Er ist adipös, die Ernährungsempfehlungen können kaum umgesetzt werden. Während der Einsätze erzählt der Kunde immer wieder, dass ihm das Essen große Freude bereitet.

Bei der täglichen Körperpflege fällt Ihnen auf, dass Herr S. oft stark schwitzt. Besonders die Hautfalten und die Zehenzwischenräume sind stark davon betroffen.

Aufgabe 1:
Welche Kleidung würden Sie Herrn S. empfehlen? Begründen Sie Ihre Entscheidung.

Aufgabe 2:
Welches Schuhwerk würden Sie Diabetiker*innen empfehlen? Begründen Sie Ihre Auswahl.

Aufgabe 3:
Welche Materialien sind besonders atmungsaktiv und wann würden Sie diese einsetzen? Welche Materialien sind besonders saugstark und wann würden Sie diese einsetzen?

2.2 Kleiden – Frau M.

Frau M., 71 Jahre, erlitt vor einer Woche einen Schlaganfall. Sie wurde heute von der Überwachungsstation auf die neurologische Station transferiert.

Frau M. leidet an einer Hemiplegie der linken Körperhälfte, ihre Sprache ist verwaschen und es besteht eine Wortfindungsstörung. Die Patientin leidet sehr unter den Symptomen, in unbeobachteten Momenten weint sie immer wieder. Am meisten macht ihr die Abhängigkeit von einer Pflegeperson zu schaffen. Das stationäre Rehabilitationsprogramm ist am Laufen, nach der Entlassung ist eine Fortsetzung der Rehabilitation vorgesehen.

Aufgabe 1:
Erläutern Sie, wie Sie einer Patientin mit linksseitiger Hemiplegie beim An- und Auskleiden behilflich sein können. Begründen Sie Ihre Vorgehensweise.

Aufgabe 2:
Wie können Sie die Selbstständigkeit von Frau M. in Bezug auf das Ankleiden fördern? Begründen Sie Ihre Antworten.

Aufgabe 3:
Welche Hilfsmittel können das An- und Auskleiden bei Schlaganfallpatient*innen erleichtern? Erläutern Sie die Handhabung der von Ihnen genannten Hilfsmittel.

3 Langzeitpflege

3.1 Fehlender Familienanschluss

Heute zieht eine neue Bewohnerin auf der Pflegestation eines Seniorenwohnhauses ein. Frau W., 89 Jahre, ist inkontinent; beim Wechsel der Vorlagen benötigt sie die Hilfe einer Pflegeperson. Frau W. kann selbstständig mit dem Rollator gehen, dabei fühlt sie sich auch sehr sicher. Im Erstgespräch fällt sofort auf, dass Frau W. offensichtlich auf allen Ebenen gut orientiert ist.

Die Bewohnerin gibt an, dass sie – bis auf wenige Bekanntschaften in jüngeren Jahren – eigentlich immer alleine gelebt hat. Es war ihr damals sehr wichtig, das Leben zu genießen, eine Bindung im Sinne einer Ehe konnte sich Frau W. nicht vorstellen. Da sie keine Kinder hat, fühlt Frau W. sich einsam, sie bereut ihren lockeren Lebensstil sehr. Die Bewohnerin meint, dass sich die Kinder – wenn sie welche hätte – sicher um sie gekümmert hätten. Während des Erstgespräches beginnt Frau W. immer wieder zu weinen; es fällt ihr sehr schwer, über ihre Einsamkeit zu sprechen.

Frau W. kann zwischen einem Einbett- und einem Zweibettzimmer auswählen und bittet Sie um eine Entscheidungshilfe.

Aufgabe 1:
Worauf achten Sie generell bei der Aufnahme von Frau W.? Begründen Sie Ihre Antworten.

Aufgabe 2:
Wie können Sie die Eingewöhnungsphase von Frau W. unterstützen? Begründen Sie Ihre Antworten.

Aufgabe 3:
Wie können Sie Frau W. bei der Entscheidungsfindung bezüglich der Zimmerauswahl behilflich sein? Begründen Sie Ihre Vorgehensweise.

3.2 Erwachsenenvertretung

Vor zwei Wochen bezog Frau B., 81 Jahre, ein Einbettzimmer auf der Langzeitpflegestation eines Seniorenwohnhauses. Sie ist örtlich sowie zeitlich desorientiert und möchte immer nur nach Hause. Die Bewohnerin ist mobil, tagsüber geht sie oftmals ziellos durch die Gänge der Station. Die Körperpflege kann Frau B. nicht mehr selbst durchführen – sie kann nicht mehr einschätzen, was wichtig für sie ist.

Die Aufnahme wurde durch einen Erwachsenenvertreter in die Wege geleitet, da Frau B. daheim immer wieder die Herdplatten einschaltete oder die Wohnungstüre abends spontan öffnete und geöffnet ließ. Die Bewohnerin hat eine Tochter, 55 Jahre, zu der sie ein sehr angespanntes Verhältnis hat. Immer wieder kommt es zu Streitgesprächen zwischen Mutter und Tochter. Die Tochter steht in engem Kontakt mit dem Erwachsenenvertreter. Sie gibt an, dass die Mutter immer schon sehr bestimmend war.

Aufgabe 1:
Worauf achten Sie generell bei der Aufnahme einer örtlich und zeitlich desorientierten Person? Begründen Sie Ihre Antworten.

Aufgabe 2:
Wie können Sie die Eingewöhnungsphase von Frau B. unterstützen? Begründen Sie Ihre Antworten.

Aufgabe 3:
Wie können Sie die neue Bewohnerin emotional begleiten und wie würden Sie auf die Tochter eingehen? Begründen Sie Ihre Vorgehensweise.

3.3 Chronische Krankheit

Heute bezieht Frau G., 51 Jahre, ein Einbettzimmer auf der Langzeitpflegestation. Sie leidet an multipler Sklerose, seit drei Jahren ist sie deshalb Rollstuhlfahrerin. Aufgrund der Erkrankung, welche bereits vor 26 Jahren diagnostiziert wurde, bekam das Paar keine Kinder. Frau G.s Mann trennte sich vor zwei Jahren von ihr, heute begleitet er sie jedoch. Während der Verabschiedung hören Sie, dass er ihr verspricht, sie regelmäßig zu besuchen. Dabei bricht Frau G. in Tränen aus.

Die Bewohnerin benötigt Unterstützung bei der Körperpflege sowie Hilfestellungen bei der Mobilisierung und der Inkontinenzversorgung. Nachts leidet sie oftmals unter Ängsten und Panikattacken, dabei benötigt die Bewohnerin sehr viel Zuwendung durch eine Bezugsperson. Zumeist war Frau G. nachts jedoch alleine, diverse Pfleger*innen konnte sie nicht ausreichend bezahlen. Schweren Herzens hat sich Frau G. für die Aufnahme entschieden; der Gedanke an die Aufgabe ihrer Wohnung macht sie sehr traurig.

Aufgabe 1:
Worauf achten Sie generell bei der Aufnahme einer jüngeren, chronisch kranken Bewohnerin? Begründen Sie Ihre Antworten.

Aufgabe 2:
Wie können Sie die Eingewöhnungsphase von Frau G. unterstützen? Begründen Sie Ihre Antworten.

Aufgabe 3:
Wie können Sie die neue Bewohnerin emotional begleiten? Begründen Sie Ihre Vorgehensweise.

4 Essen und Trinken

4.1 Nasogastralsonde

Herr C., 72 Jahre, wurde heute mit Verdacht auf zerebralen Insult auf einer neurologischen Akutstation aufgenommen. Seine Frau berichtet, dass ihr Mann am Vormittag plötzlich auf der Couch zusammengesackt und kurz benommen gewesen sei. Danach habe Herr C. über Gefühllosigkeit im linken Arm und Bein geklagt. Es sei ihm auch schwergefallen, zu sprechen, Herr C. kann sich seit dem Vorfall kaum artikulieren. Frau C. hatte plötzlich den Eindruck, dass ihr Mann nicht mehr ausreichend schlucken konnte. Sie rief sofort die Rettung, die Sorge um ihn war groß.

Die Erstuntersuchungen bestätigen den Verdacht, die medizinische Behandlung wird sofort eingeleitet. Aufgrund einer massiven Schluckstörung wird Herrn C. eine Nasogastralsonde gesetzt. Der behandelnde Arzt informiert das Ehepaar bezüglich der Diagnose und der Therapie, Herr C. zeigt sich darüber sehr bestürzt.

Aufgabe 1:
Beschreiben Sie die Grade der Schluckstörung und leiten Sie wesentliche Pflegemaßnahmen davon ab. Begründen Sie Ihre Entscheidungen.

Aufgabe 2:
Erläutern Sie wesentliche pflegerische Maßnahmen im Rahmen der Versorgung einer Nasogastralsonde.

Aufgabe 3:
Nennen Sie wesentliche Indikationen für das Setzen einer PEG-Sonde.

4.2 PEG-Sonde

Herr V., 68 Jahre, lebt alleine in einer kleinen Zweizimmerwohnung. Aufgrund eines Zungengrundkarzinoms musste er vor sieben Jahren einige Operationen sowie eine Chemotherapie über sich ergehen lassen. Die Folgen sind Schluck- und Artikulationsstörungen, deshalb wurde ihm eine PEG-Sonde gesetzt.

Herr V. wird seit diesem Zeitpunkt von der mobilen Hauskrankenpflege versorgt, dreimal wöchentlich wird die PEG-Sonde vom Pflegepersonal kontrolliert. Der Kunde bevorzugt selbstgekochte Breikost, diese verdünnt er mit Suppe. Anschließend verabreicht er sich die Nahrung mit der Alexanderspritze als Bolusgabe. Herr V. ist in der Handhabung seiner Ernährungssonde immer noch sehr unsicher, er hat große Angst vor Hygienefehlern. Es fällt ihm auch schwer, nachzufragen – die Artikulationsstörung hemmt ihn sehr beim Sprechen. Herr V. lebt deshalb sehr zurückgezogen, oft macht er sich Gedanken über sein Erscheinungsbild.

Aufgabe 1:
Erläutern Sie wesentliche pflegerische Maßnahmen im Rahmen der Versorgung einer PEG-Sonde.

Aufgabe 2:
Welche Hygienerichtlinien sind im Umgang mit der PEG-Sonde allgemein gültig?

Aufgabe 3:
Beschreiben Sie die Vor- und Nachteile der selbstgefertigten Sondennahrung im Vergleich zur industriell gefertigten Sondenfertignahrung.

4.3 Eingabe von Speisen und Getränken

Frau D., 72 Jahre, bewohnt seit Jahren ein Appartement in einem Seniorenwohnhaus. Sie ist seit zwölf Jahren verwitwet, Kinder hat sie keine.

In den vergangenen sechs Monaten hat sich die allgemeine Schwäche der Bewohnerin verstärkt; aufgrund einer chronisch-rheumatischen Erkrankung der Fingergelenke kann Frau D. nicht mehr selbstständig essen und trinken. Es ist ihr nicht mehr möglich, das Besteck zu halten, Getränke kann sie nur mehr mit dem Strohhalm zu sich nehmen. Auch bei der Körperpflege und beim Toilettengang benötigt die Bewohnerin zunehmend Hilfe. Aus diesen Gründen übersiedelte Frau D. vor drei Tagen auf die Bettenstation. Darüber ist sie sehr unglücklich. Die Eingewöhnung fällt ihr deshalb sehr schwer.

Aufgabe 1:
Beschreiben Sie die Vorgehensweise, wenn Sie der Bewohnerin bei der Eingabe der Speisen behilflich sind.

Aufgabe 2:
Welche Hilfsmittel können prinzipiell eingesetzt werden, um die Einnahme von Speisen und Getränken zu erleichtern? Erläutern Sie deren Handhabung.

Aufgabe 3:
Welche Beobachtungen sind bei der Eingabe der Speisen wichtig? Welche Pflegerelevanz können diese Beobachtungen haben?

4.4 Breikost

Herr K., 81 Jahre, liegt derzeit auf einer neurologischen Akutstation. Er erlitt vor vier Tagen einen zerebralen Insult. Seitdem sind eine linksseitige Hemiplegie, eine leichte Schluckstörung und verwaschene Sprache beobachtbar.

Herr K. kann selbst mit dem Löffel essen, pürierte Kost und eingedickte Suppen kann er ohne Probleme schlucken. Herr K. macht sich große Sorgen, wie es daheim weitergehen wird. Die Stationsschwester hat ihm bereits eine Ergotherapie und eine Physiotherapie empfohlen. Die weitere Abklärung erfolgt im Zuge der heutigen Mittagsvisite.

Herr K. zeigt eine hohe Compliance, sein Ziel ist es, rasch entlassen zu werden. Auch seine Frau freut sich schon, wenn wieder alles seinen normalen Lauf nimmt.

Aufgabe 1:
Nach welchen Kriterien erfolgt die Zusammenstellung und Zubereitung einer Breikost für die dauerhafte Ernährung?

Aufgabe 2:
Geben Sie einen Überblick über die Vitamine!

Aufgabe: 3
Welche Veränderungen können bei einer bestehenden Schluckstörung beobachtet werden? Welche Maßnahmen setzen Sie?

4.5 Übergewicht

Herr S., 66 Jahre, wurde aufgrund von starken Hüftschmerzen nach einem Sturz zur Beobachtung auf die Unfallabteilung aufgenommen. Diverse Untersuchungen haben ergeben, dass nur Prellungen vorliegen, keine Frakturen.

Bei den Untersuchungen sind jedoch die hohen Blutfettwerte und das Übergewicht von Herrn S. aufgefallen. Der BMI beträgt 32,7.

Der ernährungsmedizinische Beratungsdienst hat deshalb eine genaue Anamnese in Bezug auf seine Ernährungsgewohnheiten erhoben. Dabei berichtete Herr S., dass er täglich Fleisch, Wurst und größere Mengen Erfrischungsgetränke konsumiert. Abends trinkt er gerne 2–3 Bier, dazu genießt er Knabbergebäck.

Da er alleine lebt, hat er keine Lust zu kochen. Deshalb geht er mittags regelmäßig ins Gasthaus essen oder bestellt sich diverse Gerichte nach Hause. Herr S. leidet bereits an mehreren Zivilisationserkrankungen.

Aufgabe 1:
Beschreiben Sie den Nährstoff „Kohlenhydrate" und gehen Sie anschließend darauf ein, welche Form von Kohlenhydraten Herr S. dringend reduzieren sollte und welche davon gesund sind.

Aufgabe 2:
Beschreiben Sie exemplarisch zwei ernährungsbedingte Zivilisationserkrankungen und gehen Sie anschließend darauf ein, wie man diese vermeiden kann!

Aufgabe 3:
Beschreiben Sie den Nährstoff Alkohol und erklären Sie anschließend, welche Auswirkungen übermäßiger Konsum mit sich bringt.

4.6 Mangelernährung

Herr F., 71 Jahre, leidet seit zwei Jahren an einem Dickdarmkarzinom. Er wurde bereits mehrmals operiert, seit vier Monaten lebt Herr F. mit einer Colostomie.

Heute wurde Herr F. auf der onkologischen Station aufgenommen, er wird erneut durchuntersucht. Bei der Anamnese fällt auf, dass Herr F. Gewicht verloren hat. Sein BMI ist deutlich reduziert, Herr F. leidet seit Wochen an Appetitlosigkeit.

Bei der Visite wurde Herrn F. mitgeteilt, dass die Gefahr einer Mangelernährung besteht. Der Patient erzählt, dass er zwar immer wieder Appetit verspürt, aber beim Anblick der Speisen und Getränke Abneigung empfindet. Herr F. fragt, wie er der Mangelernährung vorbeugen kann.

Aufgabe 1:
Welche Beobachtungen weisen auf eine mögliche Mangelernährung hin? Wie können Sie als Pflegefachkraft der Mangelernährung vorbeugen?

Aufgabe 2:
Beschreiben Sie die Aufgaben und Funktionen von Wasser! Wie kann Flüssigkeitsmangel festgestellt werden und welche pflegerischen Maßnahmen können gesetzt werden?

Aufgabe 3:
Erläutern Sie pflegerische Maßnahmen, wie Sie den Appetit von Herrn F. steigern können.

5 Sich bewegen

5.1 Fahren mit dem Rollstuhl

Herr E., 34 Jahre, wohnt seit elf Jahren in einer Wohngemeinschaft für Rollstuhlfahrer. Der Bewohner stürzte vor zwölf Jahren an seinem Arbeitsplatz von einem Baugerüst ab. Dabei erlitt er eine Fraktur der Brustwirbelsäule und ein schweres Schädel-Hirn-Trauma. Eine Tetraplegie in Höhe Th 2 sowie schwere Konzentrationsstörungen waren die Folge. Nach der erfolgreichen Rehabilitation wollte Herr E. unbedingt selbstständig wohnen, der Versicherungsträger ermöglichte ihm dann den Wohnplatz.

Der Bewohner kann die Transfers vom Bett in den Rollstuhl und retour größtenteils selbst durchführen, das Fahren mit dem Rollstuhl ist jedoch nur eingeschränkt möglich. Herr E. benötigt deshalb bei Ausgängen außerhalb der Wohngemeinschaft Hilfe durch eine Person. Es fällt ihm sehr schwer, Stufen, Gehsteigkanten und unebene Flächen selbst zu überwinden. Dabei hat Herr E. immer das Gefühl, aus dem Rollstuhl zu fallen.

Herr E. zeigt eine große Compliance, in der Wohngemeinschaft hat er seine sozialen Kontakte gefestigt. Seit vier Jahren besucht er eine Werkstätte, auch dort fühlt er sich gut aufgenommen.

Aufgabe 1:
Beschreiben Sie, wie Sie mit dem Rollstuhl eine Gehsteigkante, einzelne Stufen und unebene Flächen befahren können.

Aufgabe 2:
Wie können Sie allgemein die Sturzgefahr aus dem Rollstuhl minimieren? Begründen Sie Ihre Maßnahmen.

Aufgabe 3:
Worauf achten Sie, bevor Sie einen Rollstuhl in Betrieb nehmen? Welche Wartungsarbeiten sollten regelmäßig an einem Rollstuhl vorgenommen werden?

5.2 Dekubitusprophylaxe

Frau H., 91 Jahre, seit zwei Monaten bettlägerig, wird daheim von ihren Angehörigen und der mobilen Hauskrankenpflege gepflegt. Die Kundin befindet sich im Endstadium ihrer Demenz, zumeist ist Frau H. in einem Dämmerzustand. Tagsüber ist sie immer wieder für kurze Momente ansprechbar. In diesem Zeitfenster ist es möglich, Breikost in geringen Mengen einzugeben. Die Flüssigkeitssubstitution erfolgt mittels Infusionen durch den Hausarzt. Frau H. ist harn- und stuhlinkontinent, die Haut ist intakt. Da sie regelmäßig umgelagert und passiv bewegt wird, weisen sämtliche Gelenke keine Kontrakturen auf.

Die pflegenden Angehörigen berichten, dass Frau H. während der Körperpflege im Bett durch ihre Mimik immer wieder mitteilt, dass sie anscheinend Schmerzen habe. Diese Beobachtung verunsichert die Angehörigen sehr, die Schmerzfreiheit in der letzten Lebensphase ist ihnen sehr wichtig.

Aufgabe 1:
Erörtern Sie die Risikofaktoren, welche zur Entstehung von Dekubitus beitragen.

Aufgabe 2:
Erläutern Sie die Grade des Dekubitus. Was ist der Fingertest und wie führen Sie diesen durch?

Aufgabe 3:
Welche wesentlichen Pflegemaßnahmen werden im Rahmen der Dekubitusprophylaxe durchgeführt?

5.3 Thromboseprophylaxe

Herr P., 75 Jahre, wird seit drei Jahren von seiner Tochter und seinem Sohn versorgt. Vor sieben Monaten verschlechterte sich der Gesundheitszustand des Vaters, deshalb wurde die mobile Hauskrankenpflege hinzugezogen.

Der Kunde leidet seit Jahren an Diabetes mellitus Typ II, Langzeitfolgen wie Polyneuropathie, Niereninsuffizienz und eingeschränktes Sehvermögen bestimmen seinen Alltag. Vor sieben Monaten wurde erstmals eine kleine Wunde an der linken großen Zehe beobachtet, die bis heute nicht abgeheilt ist. Die Wundpflege erfolgt durch die mobile Hauskrankenpflege.

Aufgrund der Wunde und der Polyneuropathie bewegt sich Herr P. nicht mehr ausreichend, zumeist sitzt er im Lehnsessel im Wohnzimmer und sieht fern. Seit vier Tagen leidet er an Wadenschmerzen im rechten Bein, seit heute Morgen kann er nicht mehr schmerzfrei auftreten. Herr P. meint während des Hauskrankenpflegeeinsatzes, dass er keinen Arzt benötige und dass es sicher wieder schnell von selbst besser werde.

Aufgabe 1:
Erörtern Sie die Risikofaktoren, welche zur Thromboseentstehung beitragen.

Aufgabe 2:
Welche wesentlichen Pflegemaßnahmen werden im Rahmen der Thromboseprophylaxe durchgeführt?

Aufgabe 3:
Welche Komplikationen können bei einer bestehenden tiefen Beinvenenthrombose auftreten?

5.4 Bettlägerigkeit

Herr R., 92 Jahre, wohnt seit acht Jahren im Seniorenwohnhaus. Vor zwei Jahren musste er aus gesundheitlichen Gründen auf die Bettenstation übersiedeln.

Der Bewohner leidet an chronischer Herzinsuffizienz, Diabetes mellitus Typ II, Polyneuropathie, Retinopathie sowie an Morbus Parkinson. Vor acht Wochen erkrankte Herr R. außerdem an einer Pneumonie, von dieser Erkrankung konnte er sich bis heute nicht zur Gänze erholen. Seit diesem Zeitpunkt leidet der Bewohner an allgemeiner körperlicher Schwäche und ist deshalb bettlägerig. Herr R. ist sehr gut orientiert, diverse Beratungsgespräche konnten ihn jedoch nicht ausreichend zur Mobilisierung motivieren. Der Bewohner gibt an, dass er eigentlich nicht mehr aufstehen möchte. Herrn R.s Kinder sind deshalb sehr beunruhigt; die Tochter fragte bei der pflegeverantwortlichen DGKP nach, ob man den Vater denn nicht einfach heraussetzen könne.

Aufgabe 1:
Beschreiben Sie den Weg in die Bettlägerigkeit nach Zegelin.

Aufgabe 2:
Erläutern Sie wesentliche pflegerische Maßnahmen, die bei bettlägerigen Bewohner*innen von Bedeutung sind. Begründen Sie Ihre Vorgehensweise.

Aufgabe 3:
Welche Langzeitfolgen kann die Bettlägerigkeit mit sich bringen? Wie können Sie diese Langzeitfolgen reduzieren oder vermeiden?

5.5 Kontrakturenprophylaxe

Herr S., 86 Jahre alt, wohnt seit vier Jahren in einer Langzeitpflegeeinrichtung. In der Dokumentation ist nachzulesen, dass der Bewohner seit zwei Jahren mit einem Rollator ohne Hilfe einer Pflegeperson langsam durch die Station gehen kann. Der Anlass für das Hilfsmittel war ein Sturz auf der Station. Dabei zog sich Herr S. eine Fraktur des linken Oberschenkels zu. Eine Operation war die Folge.

Aufgrund eines Sturzes auf dem Weg zur Toilette erlitt Herr S. vor vier Tagen multiple Prellungen an beiden Beinen, am Rumpf und am linken Arm. Seit diesem Anlass ist Herr S. im Rahmen der Mobilisation sehr ängstlich. Er ist der Meinung, dass mehrere Tage Bettruhe für den Genesungsprozess sehr förderlich wären. Während der Pflegevisite wurde Herr S. bezüglich der Notwendigkeit der Durchführung wesentlicher Prophylaxen aufgeklärt. Unter anderem wurde auch die Kontrakturenprophylaxe thematisiert.

Aufgabe 1:
Definieren Sie den Begriff „Kontraktur".

Aufgabe 2:
Erläutern Sie wesentliche Ursachen und Risikofaktoren von Kontrakturen im Detail und gehen Sie anschließend auf die Risikofaktoren von Herrn S. ein.

Aufgabe 3:
Beschreiben Sie wesentliche Maßnahmen zur Kontrakturenprophylaxe und begründen Sie diese.

5.6 Sturzangst

Frau K., 82 Jahre alt, wohnt seit vier Jahren alleine in einem Einfamilienhaus. Die Räume sind alle auf einer Wohnebene angeordnet, teilweise sind die Türstöcke sehr schmal.

Ihr Mann verstarb an den Folgen eines Sturzes im Haus. Frau K.s Mobilität hat in den vergangenen beiden Jahren aufgrund einer Adipositas und einer beidseitigen Kniearthrose deutlich abgenommen. Seit einigen Wochen benützt sie einen Rollator.

Dreimal pro Woche wird Frau K. von Pflegeassistent*innen bei der Körperpflege unterstützt. Dabei fällt auf, dass die Kundin sehr unsicher mit dem Rollator durch das Haus geht. Frau K. gibt im Gespräch an, dass sie immer wieder stolpert und dass sie große Sturzangst hat. Die Kundin versucht deshalb, sich so wenig wie möglich zu bewegen, damit sie nicht stürzt.

Frau K.s Tochter kann ihre Mutter nur am Wochenende besuchen. Sie ruft aber täglich an, um sich nach dem Befinden zu erkundigen. Dabei empfiehlt die Tochter immer wieder, sich nicht „unnötig" im Haus zu bewegen, um das Sturzrisiko zu reduzieren. Das verunsichert Frau K. zusätzlich, denn der Sturz ihres Mannes mit all seinen Folgen ist ihr noch sehr präsent.

Aufgabe 1:
Welche Möglichkeiten haben Sie, um das Sturzrisiko einzuschätzen?

Aufgabe 2:
Erläutern Sie wesentliche Ursachen von Stürzen und leiten Sie daraus die prophylaktischen Maßnahmen ab.

Aufgabe 3:
Wie können Sie Frau K. auf der psychischen Ebene unterstützen? Begründen Sie Ihre Vorgehensweise.

6 Ausscheiden

6.1 Inkontinenz

Herr Z., 82 Jahre, wohnt seit vier Jahren im Seniorenwohnhaus in einem Einzelappartement. Er betont immer wieder, wie sehr es ihm im Haus gefällt und dass die Gesellschaft der anderen Bewohner*innen sehr wohltuend sei. Herr Z. hat keine Familie, in seiner aktiven Zeit arbeitete er als Koch in diversen Haubenlokalen in Europa.

Herr Z. leidet an einer beginnenden Herzinsuffizienz und an Hypertonie, sonst fühlt er sich fit und gesund. Diverse Vorsorgeuntersuchungen lehnt er ab.

Seit geraumer Zeit klagt Herr Z. darüber, dass er nachts oftmals intensiven Harndrang verspürt und die Toilette aufsuchen muss. Die Harnmenge ist dann nur sehr gering, nach zwei bis drei Stunden verspürt er jedoch wieder intensiven Harndrang. Fallweise ist der Harndrang im Liegen so intensiv, dass er einige Tröpfchen Harn verliert. Dieser Umstand ist ihm sehr peinlich. Tagsüber leidet Herr Z. nicht unter diesen Beschwerden.

Aufgabe 1:
Beschreiben Sie wesentliche Formen der Harninkontinenz. Unter welcher Form der Inkontinenz leidet Herr Z.?

Aufgabe 2:
Erläutern Sie die Grundprinzipien der Hautpflege bei Harninkontinenz.

Aufgabe 3:
Durch welche Pflegemaßnahmen können Sie die Harnkontinenz generell fördern? Begründen Sie die von Ihnen ausgewählten Maßnahmen.

6.2 Diarrhö

Frau A., 41 Jahre, wurde vor zwei Tagen aufgrund eines akuten Magen-Darm-Infektes auf die interne Abteilung des Akutkrankenhauses aufgenommen. Die Patientin leidet seit drei Tagen an akuter Diarrhö, Fieber und Erbrechen. Zum Zeitpunkt der Aufnahme konnten bereits Anzeichen von Exsikkose beobachtet werden. Seit heute hat sie kein Fieber mehr, Diarrhö und Erbrechen haben sich ebenfalls gebessert. Die medikamentöse Therapie zeigt offensichtlich ihre Wirkung.

Frau A. gibt an, dass einige Familienangehörige zuvor an Durchfall und Erbrechen gelitten haben, jedoch waren die Krankheitssymptome nicht so massiv. Sie nimmt an, sich in der Familie angesteckt zu haben.

Aufgabe 1:
Beschreiben Sie häufige Ursachen von Diarrhö und leiten Sie anschließend wesentliche Pflegemaßnahmen ab.

Aufgabe 2:
Welche Komplikationen können im Rahmen der Diarrhö auftreten? Welche pflegerischen Maßnahmen können Sie setzen? Begründen Sie Ihre Vorgehensweise.

Aufgabe 3:
Welche Beobachtungskriterien sind im Rahmen der Diarrhö wesentlich?

6.3 Colostomie

Frau B., 64 Jahre, befindet sich seit sieben Tagen auf einer chirurgischen Station. Vor sechs Wochen kam ein Verdacht auf Dickdarmkarzinom auf, der durch diverse Untersuchungen bestätigt wurde. Vor vier Tagen wurde eine Colonteilresektion durchgeführt, die Endversorgung erfolgte mittels Colostomie.

Frau B. ist seit 32 Jahren verheiratet; sie befürchtet, dass ihre Partnerschaft unter ihrer Erkrankung leiden könnte. Den Anblick von Stuhl im Beutel kann Frau B. kaum ertragen. Sie ist darüber sehr unglücklich und hat Angst, mit der Versorgung der Colostomie nicht zurechtzukommen. Frau B. und ihr Ehemann sind seit ihrer Pensionierung sehr reiselustig, Sport steht ebenfalls nahezu täglich auf ihrer Tagesordnung. Auch Restaurantbesuche mit Freund*innen bereiten dem Ehepaar große Freude.

Zusätzlich drängen sich der Patientin weitere Fragen auf:
- Welche Speisen bzw. Lebensmittel darf ich noch essen?
- Darf ich ins Schwimmbad gehen?
- Welchen sportlichen Aktivitäten darf ich noch nachgehen?
- Was mache ich, wenn ich mit dem Flugzeug verreisen möchte bzw. wenn ich einen längeren Reiseweg vor mir habe?

Aufgabe 1:
Beschreiben Sie den Wechsel eines geschlossenen Colostomiebeutels.

Aufgabe 2:
Gehen Sie auf Frau B.s Fragen ein. Begründen Sie Ihre Antworten.

Aufgabe 3:
Welche Komplikationen können am Stoma und in der Umgebung des Stomas auftreten? Welche pflegerischen Maßnahmen setzen Sie bei den von Ihnen genannten Komplikationen?

6.4 Diarrhö und Obstipation

Frau E., 87 Jahre, bewohnt seit drei Jahren ein Einzelappartement im Seniorenwohnhaus. Seit etwa neun Monaten benötigt die Bewohnerin einen Rollator, Anlassfall sind schwere Abnützungserscheinungen beider Kniegelenke. Frau E. lehnt jegliche Form der operativen Therapie ab, sie sieht ihre Einschränkung als ihr persönliches Schicksal.

Zusätzlich leidet Frau E. an Blutdruckschwankungen, hypertone und hypotone Phasen wechseln sich ab. Vor zwei Tagen stürzte die Bewohnerin in ihrem Appartement. Es war ihr noch möglich, den Seniorennotruf zu betätigen. Die Bewohnerin ist der Meinung, dass Blutdruckschwankungen zum Alter dazugehören, jegliche medizinische Abklärung lehnt sie ebenfalls ab. Dann erzählt sie, dass sie oft einen plötzlichen Harndrang verspürt und dann rasch zur Toilette müsse. Das führte ihrer Meinung nach zu dem Sturz.

Zusätzlich leidet Frau E. an Obstipation und Blähungen. Sie ist sich oft unsicher, was sie essen soll oder darf.

Frau E.s Tochter ist schon verzweifelt, mehrmals suchte sie das Gespräch mit der pflegeverantwortlichen Person der ambulanten Betreuung. Sie fragte nach, ob man ihre Mutter zur medizinischen Abklärung und Therapie überreden könnte, damit sie mehr Lebensqualität in der letzten Lebensphase erlangen kann.

Aufgabe 1:
Welche Ursachen können Blähungen haben? Welche Pflegemaßnahmen können Sie setzen?

Aufgabe 2:
Wie können Sie eine Harninkontinenz bei Patient*innen erkennen? Nennen Sie typische Symptome einer Harninkontinenz.

Aufgabe 3:
Welche Kostform kann bei Obstipation generell empfohlen werden?

7 Wach sein und schlafen

7.1 Schlafstörung

Frau E., 58 Jahre, befindet sich seit zwei Tagen in stationärer Pflege. Die Patientin leidet seit Jahrzehnten an multipler Sklerose und wurde deshalb zur neurologischen Durchuntersuchung aufgenommen. Ihr Gesundheitszustand ist stabil, der letzte Schub liegt sechs Jahre zurück. Frau E. ist in ihrer Motorik deutlich verzögert, derzeit kann sie sich ohne Gehhilfe fortbewegen. Die tägliche Selbstpflege kann ebenfalls mühelos durchgeführt werden. Die Patientin ist sehr stolz darauf, unabhängig zu sein.

Im Rahmen der Anamneseerhebung gibt Frau E. an, schon seit Monaten an einer Schlafstörung zu leiden. Frau E. schläft zumeist entspannt ein, wacht jedoch nach etwa drei Stunden wieder auf; viele Gedanken stören dann ihre Nachtruhe. In den frühen Morgenstunden kann sie wieder spontan einschlafen. Sie berichtet, dass sie aufgrund der Schlafstörungen tagsüber zumeist sehr müde sei. Dieser Umstand beeinträchtigt ihre Leistungsfähigkeit sehr. Frau E. hat oft Angst vor den langen Nächten.

Aufgabe 1:
Welche Formen von Schlafstörungen werden allgemein in der Fachliteratur beschrieben? Welche Ursachen können die von Ihnen genannten Schlafstörungen haben?

Aufgabe 2:
Welche langfristigen Auswirkungen können Schlafstörungen haben?

Aufgabe 3:
Welche pflegerischen Maßnahmen können Sie generell bei Schlafstörungen setzen? Begründen Sie Ihre Vorgehensweise.

7.2 Beziehen des Bettes

Frau U., 94 Jahre, wohnt seit zwei Jahren auf der Pflegestation eines Seniorenwohnhauses. Die Bewohnerin befindet sich in der terminalen Endphase ihrer Grunderkrankung, eines Pankreaskarzinoms. Seit vier Monaten ist sie deshalb bettlägerig. Frau U. zeigt aber eine große Compliance und hilft bei allen pflegerischen Handlungen mit, so gut es ihr möglich ist.

Die Bewohnerin ist gut ansprechbar, ihre örtliche und zeitliche Orientierung ist geringfügig beeinträchtigt. Aufgrund der Knochenschmerzen möchte Frau U. nicht mehr mobilisiert werden, das Pflegepersonal kommt ihrem Wunsch nach. Sämtliche pflegerische Handlungen werden deshalb im Bett durchgeführt, die Bewohnerin wirkt dabei sehr ausgeglichen und zufrieden.

Aufgabe 1:
Beschreiben Sie eine mögliche Vorgehensweise beim Bettwäschewechsel einer bettlägerigen Bewohnerin.

Aufgabe 2:
Erläutern Sie die Merkmale eines Krankenbettes und erklären Sie anschließend seine Handhabung.

Aufgabe 3:
Wie wird das Krankenbett nach dem Tod eines/einer Bewohner*in versorgt?

8 Pflegeprozess

8.1 Ressourcen und Probleme – Pflegediagnose – Pflegeplanung

Heute zieht eine neue Bewohnerin auf der Pflegestation eines Seniorenwohnhauses ein. Frau S., 88 Jahre, ist inkontinent, beim Wechsel der Vorlagen benötigt sie die Hilfe einer Pflegeperson. Frau S. kann mit der Hilfe einer Person mit dem Rollator gehen; dabei fühlt sie sich sehr sicher. Das Gangbild erscheint jedoch unsicher, es fällt auf, dass Frau S. das linke Bein nicht ausreichend anheben kann. Im Erstgespräch wird sofort deutlich, dass Frau S. offensichtlich auf allen Ebenen gut orientiert ist. Die Bewohnerin fühlt sich beim Duschen jedoch sehr unsicher, daheim ist sie im Badezimmer mehrmals gestürzt. Der Ernährungszustand erscheint unauffällig; Frau S. erzählt, dass sie gerne ein kleines Bier zum Mittagessen trinkt.

Die Bewohnerin gibt an, dass sie – bis auf wenige Bekanntschaften in jüngeren Jahren – eigentlich immer alleine gelebt hat. Es war ihr damals sehr wichtig, das Leben zu genießen, eine Bindung im Sinne einer Ehe konnte sich Frau S. nicht vorstellen. Da sie keine Kinder hat, fühlt sie sich einsam; sie bereut ihren Lebensstil sehr. Sie meint, dass sich die Kinder – wenn sie welche hätte – sicher um sie gekümmert hätten. Während des Erstgespräches beginnt Frau S. immer wieder zu weinen, und es fällt ihr sehr schwer über ihre Einsamkeit zu sprechen.

Frau S. kann zwischen Ein- und Zweibettzimmer auswählen und bittet Sie um eine Entscheidungshilfe.

Aufgabe 1:
Formulieren Sie wesentliche Ressourcen und Probleme.

Aufgabe 2:
Erläutern Sie, wie eine Pflegediagnose erstellt wird. Beschreiben Sie die einzelnen Schritte im Detail.

Aufgabe 3:
Welchen Einfluss hat Frau S.' Einsamkeit auf die Pflegeplanung?

8.2 Ressourcen und Probleme – Flüssigkeitsbilanz – Evaluierung

Frau H., 91 Jahre, seit zwei Monaten bettlägerig, wird daheim von ihren Angehörigen, nämlich der Tochter und der Enkelin, sowie der mobilen Hauskrankenpflege gepflegt. Die Kundin befindet sich im Endstadium ihrer Demenz, zumeist ist Frau H. in einem Dämmerzustand. Tagsüber ist sie immer wieder für kurze Momente ansprechbar. In diesem Zeitfenster ist es möglich, Breikost in geringen Mengen einzugeben. Die Flüssigkeitssubstitution erfolgt mittels Infusionen durch den Hausarzt. Frau H. ist harn- und stuhlinkontinent, die Haut ist intakt. Da sie regelmäßig umgelagert und passiv bewegt wird, weisen sämtliche Gelenke keine Kontrakturen auf.

Die pflegenden Angehörigen berichten, dass Frau H. während der Körperpflege im Bett durch ihre Mimik immer wieder mitteilt, dass sie anscheinend Schmerzen habe. Diese Beobachtung verunsichert die Angehörigen sehr, die Schmerzfreiheit in der letzten Lebensphase ist ihnen sehr wichtig.

Frau H. hat sieben Kinder und elf Enkelkinder; der Familienkontakt war ihr immer sehr wichtig. In der letzten Lebensphase bekommt sie besonders viel Besuch, die pflegenden Angehörigen fragen Sie deshalb, ob die vielen Besuche Frau H. eventuell überfordern.

Aufgabe 1:
Formulieren Sie wesentliche Ressourcen und Probleme.

Aufgabe 2:
Erläutern Sie, wie im Rahmen der Pflegedokumentation das Flüssigkeitsbilanzblatt zu führen ist.

Aufgabe 3:
Welche Möglichkeiten stehen Ihnen zur Verfügung, Schmerzzustände zu dokumentieren? Wie können Sie Schmerzzustände evaluieren?

8.3 Verlaufsbericht – Ressourcen und Probleme – Pflegeprozess

Herr B., 72 Jahre, lebt alleine in einer sanierten Altbauwohnung mit Lift. Der Zugang zur Wohnung ist barrierefrei. Seine Ehefrau verstarb vor sechs Monaten plötzlich und unvorhergesehen, darunter leidet Herr B. sehr. Seit diesem Ereignis sieht er keinen Sinn mehr in seinem Dasein. Zu seinen beiden Kindern hat Herr B. keinen Kontakt; lange zurückliegende Familienstreitigkeiten konnten nie bereinigt werden. Seit damals hat Herr B. immer wieder Alkoholprobleme.

Der Kunde leidet an Diabetes mellitus Typ II, arteriellen Durchblutungsstörungen in beiden Beinen, ausgeprägter Sehschwäche und chronischen Schmerzen im Bereich der Lendenwirbelsäule.

Die tägliche Körperpflege kann prinzipiell selbst durchgeführt werden. Herr B. vernachlässigt jedoch seit dem Tod seiner Ehefrau die Körperpflege; Körper- und Mundgeruch sind immer wieder wahrnehmbar. Er benötigt deshalb sehr viel Motivation und Anleitung durch eine Pflegeperson.

Herr B. hat seinen Alkoholkonsum in der letzten Zeit erhöht, derzeit trinkt er tagsüber etwa einen Liter Weißwein und drei bis vier Stamperln Schnaps.

Sie kommen um acht Uhr morgens zur Körperpflege. Herr B. sitzt weinend im Wohnzimmer, er hat das erste Glas bereits in der Hand. Weiters können Sie beobachten, wie Herr B. seine Morgenmedikation mit einem kräftigen Schluck Wein einnimmt.

Aufgabe 1:
Dokumentieren Sie Ihre Beobachtungen auf einem Verlaufsberichtblatt.

Aufgabe 2:
Formulieren Sie wesentliche Ressourcen und Probleme.

Aufgabe 3:
Beschreiben Sie die Schritte der Pflegevisite im häuslichen Bereich und erörtern Sie anschließend den Nutzen des Pflegeprozesses.

8.4 Planung der Sturzprophylaxe – Ressourcen und Probleme – Ziele

Frau M., 76 Jahre, lebt alleine in ihrer kleinen Zweizimmerwohnung, die sanierungsbedürftig und nicht barrierefrei zugänglich ist. Ihr Mann ist bereits vor zehn Jahren verstorben; den Verlust hat sie bis heute nicht zur Gänze verkraftet. Manchmal meint Frau M., der Kummer habe sie krank gemacht. Die Kundin leidet seit neun Jahren an Morbus Parkinson, die klassischen Symptome sind gut zu beobachten.

Viele Türschwellen, enge Türrahmen und ein sehr kleines Badezimmer mit integriertem WC erschweren den Alltag. Bis vor einem Jahr konnte Frau M. die Wohnung noch selbst verlassen, nach einigen Stürzen traut sie sich jedoch nicht mehr alleine außer Haus. Derzeit benötigt Frau M. einen Rollator; die Handhabung bereitet ihr keine Probleme. Der Bewegungsradius von Frau M. hat sich in den vergangenen drei Monaten jedoch deutlich reduziert, sie verlässt die Wohnung nur mehr etwa einmal im Monat mit der Hilfe ihres Sohnes.

Frau M. wirkt zunehmend depressiv verstimmt; die Einsamkeit und das Gefühl, abhängig zu sein, machen ihr sehr zu schaffen.

Zweimal täglich kommt der mobile Pflegedienst zu Frau M.: Morgens erfolgt die Unterstützung bei der Körperpflege in der Dusche oder beim Waschbecken, danach benötigt die Kundin Hilfe beim Ankleiden und beim Zubereiten des Frühstücks. Der Abenddienst ist Frau M. beim Umziehen und bei der Einnahme der Medikamente behilflich. Danach wird Frau M. beim Zubettgehen unterstützt.

Aufgabe 1:
Planen Sie die Sturzprophylaxe und gehen Sie dabei strukturiert vor.

Aufgabe 2:
Formulieren Sie wesentliche Ressourcen und Probleme und beschreiben Sie anschließend passende Ziele.

Aufgabe 3:
Nach welchen Kriterien erfolgt die Formulierung der Ziele? Welchen Nutzen haben Ziele für die tägliche Pflege?

9 Qualität

9.1 Beschwerdemanagement

Frau E., 67 Jahre, wird seit drei Monaten von der mobilen Hauskrankenpflege betreut. Die Kundin leidet seit Jahrzehnten an multipler Sklerose, die Krankheit ist bereits weit fortgeschritten. Zuvor ist Frau E. von Privatpersonen versorgt worden, aufgrund des hohen Aufwandes konnten diese ihrer Verpflichtung aber nicht mehr nachkommen. Auch zwischenmenschliche Probleme führten zum Bruch mit den privaten Pflegepersonen.

Die Kundin äußert telefonisch oft spezielle Wünsche, so auch, welche Pflegeperson sie bevorzugt. Wenn der Hauskrankenpflegebetrieb den Wünschen nicht nachkommt, ruft Frau E. sofort an, um sich zu beschweren. Auch die Einsatzzeiten möchte sie immer genauestens abgestimmt haben, Verspätungen duldet die Kundin auf keinen Fall. Das sorgte schon häufig für Unruhe im Team, da es sehr oft schwierig ist, die Einsatzzeiten punktgenau zu planen.

Frau E. rief auch schon mehrmals ihre Bekannte an, die ebenfalls vom gleichen Hauskrankenpflegebetrieb betreut wird, um sich zu beschweren. Sie wollte dann von Ihnen wissen, warum die zeitliche Planung der Einsätze bei der Bekannten besser funktioniere als bei Frau E. selbst.

Auch heute beschwerte sich Frau E. nach dem Morgeneinsatz telefonisch. Sie ärgerte sich sehr, dass die Pflegeassistentin 20 Minuten später kam als vereinbart. Diese meinte, dass das passieren könne und Frau E. dafür Verständnis zeigen müsse. Die Kundin erklärte, dass diese Pflegeassistentin nicht mehr kommen solle.

Aufgabe 1:
Wie kann ein Hauskrankenpflegebetrieb Beschwerden professionell abarbeiten? Beschreiben Sie anschließend die Grundsätze des Beschwerdemanagements.

Aufgabe 2:
Erörtern Sie eine mögliche Vorgehensweise in diesem Fall.

Aufgabe 3:
Wie reagieren Sie, wenn Sie auf andere Kund*innen angesprochen werden? Welche Auskunft würden Sie Frau E. geben, wenn Sie auf ihre Bekannte angesprochen werden?

9.2 Der „schwierige" Kunde – Pflegequalität

Herr A., 71 Jahre, wird seit sieben Monaten von der mobilen Hauskrankenpflege betreut. Er lebt alleine in einem gemütlichen Einfamilienhaus und hat keine Kinder. Auch zu seiner geschiedenen Frau hat er seit Jahrzehnten keinen Kontakt.

Herr A. gilt im Team allgemein als schwierig. Die Heimhilfen und Pflegeassistent*innen melden häufig, dass er die Körperpflege verweigere, die Rezepte vom Hausarzt nicht an die Heimhilfen weitergebe und immer wieder nicht mit dem Pflegepersonal spreche. Dann beschwert sich Herr A. telefonisch, dass das Pflegepersonal „nichts mache" und dass man hier nicht von Qualität sprechen könne.

Die pflegeverantwortliche DGKP hat schon mehrmals mit dem Kunden gesprochen. Sie versuchte, ihm zu vermitteln, dass es sehr wichtig sei, die einzelnen Prozesse aufeinander abzustimmen, um sie dann im Detail planen zu können. In den Gesprächen meinte Herr A., dass man seine Stimmungsschwankungen auch verstehen müsse, denn schließlich sei er ja an das Haus gefesselt. Es stört ihn auch sehr, dass so viele verschiedene Heimhilfen kommen und er alle Tätigkeiten immer wieder neu erklären muss.

Aufgabe 1:
Definieren Sie den Begriff „Pflegequalität". Welche Umstände führen dazu, ein „schwieriger Kunde" zu werden?

Aufgabe 2:
Erläutern Sie im Detail die Prozess- und Ergebnisqualität und beschreiben Sie, welchen Einfluss diese beiden Begriffe auf die tägliche Pflege haben.

Aufgabe 3:
Wie können Sie auf Herrn A.s Wunsch eingehen? Gibt es professionelle Lösungsansätze?

Teil II
Zweidimensionale Fallbeispiele

10 Übersiedlung in die Langzeitpflege

10.1 Bettlägerigkeit

Das Ehepaar F. übersiedelt heute in die Langzeitpflege. Frau F., 86 Jahre, ist seit vier Monaten bettlägerig. Ein Sturz in der Wohnung bei bestehender körperlicher Schwäche sowie Schwindelanfälle waren Anlass der Bettlägerigkeit. Es bestehen deutliche Gedächtnislücken, das Kurzzeitgedächtnis ist massiv eingeschränkt. Die örtliche und zeitliche Orientierung ist reduziert, Frau F. möchte eigentlich nur heimgehen.

Herr F., ebenfalls 86 Jahre, ist in seiner Mobilität deutlich eingeschränkt; er kann mithilfe des Rollators nur mit sehr viel Mühe gehen. Man kann beobachten, dass sein Gang sehr unsicher und schwankend ist. Es besteht ein erhebliches Sturzrisiko. Auch Herr F. ist daheim bereits mehrmals gestürzt.

Das Paar hat engen Kontakt zu den beiden Kindern, einem Sohn (60 Jahre, berufstätig) und einer Tochter (67 Jahre, in Pension). Beide haben ihre Eltern sehr intensiv betreut, die Pflege wurde von einer privaten Pflegerin durchgeführt. Die Pflege im häuslichen Bereich gestaltete sich sehr aufwändig, die private Pflegerin konnte den Aufwand nicht mehr alleine bewältigen.

Aufgabe 1:
Welche Punkte beachten Sie generell bei der Aufnahme eines Ehepaares in die Langzeitpflege? Wie können Sie die Eingewöhnungsphase des Ehepaares unterstützen? Begründen Sie Ihre Antworten.

Aufgabe 2:
Wie können Sie die Tochter und den Sohn emotional begleiten? Begründen Sie Ihre Vorgehensweise.

Aufgabe 3:
Erläutern Sie die Phasen der Bettlägerigkeit und leiten Sie anschließend wesentliche pflegerische Maßnahmen ab.

10.2 Trauerbewältigung

Heute zieht ein neuer Bewohner auf der Langzeitpflegestation ein. Herr K., 91 Jahre, ist seit acht Monaten verwitwet; den Tod seiner Frau konnte er nur sehr schwer verkraften. Seine Tochter, 66 Jahre alt, verbrachte jede freie Minute mit ihrem Vater, doch die immer aufwändigere Pflege sprengte den Rahmen. Herr K. benötigt täglich Unterstützung bei der Körperpflege sowie Hilfe beim Wechsel der Inkontinenzvorlagen.

Der neue Bewohner ist in seiner Mobilität deutlich eingeschränkt, das Gehen mit dem Gehstock fällt ihm zunehmend schwer. Eine alte Kriegsverletzung seines rechten Beines bereitet ihm seit einigen Monaten Schmerzen beim Gehen. Seit dem Tod seiner Frau fällt es ihm schwer, die Körperpflege zu akzeptieren. Für die Tochter, die nicht bei ihrem Vater wohnt, war die Fahrzeit von 30 Minuten eine zusätzliche Herausforderung. Beide entschieden sich nach vielen Diskussionen für die Aufnahme in die Langzeitpflege.

Aufgabe 1:
Worauf achten Sie generell bei der Aufnahme eines seit Kurzem verwitweten Bewohners? Begründen Sie Ihre Antwort. Wie können Sie die Eingewöhnungsphase von Herrn K. unterstützen? Begründen Sie diese Antwort ebenfalls.

Aufgabe 2:
Wie können Sie den neuen Bewohner und seine Tochter emotional begleiten? Begründen Sie Ihre Vorgehensweise.

Aufgabe 3:
Erläutern Sie die Trauerphasen nach Verena Kast und leiten Sie pflegerelevante Maßnahmen davon ab. Begründen Sie anschließend die Auswahl dieser Maßnahmen.

11 Langzeitpflege

11.1 Sturzrisiko – Lebensqualität

Frau E., 87 Jahre, bewohnt seit drei Jahren ein Einzelappartement im Seniorenwohnhaus. Seit etwa neun Monaten benötigt die Bewohnerin einen Rollator; Anlassfall waren schwere Abnützungserscheinungen beider Kniegelenke. Frau E. lehnt jegliche Form der operativen Therapie ab, sie sieht die Einschränkung als ihr persönliches Schicksal an.

Zusätzlich leidet Frau E. an Blutdruckschwankungen, wobei hypertone und hypotone Phasen einander abwechseln. Vor zwei Tagen stürzte die Bewohnerin in ihrem Appartement, es war ihr jedoch noch möglich, den Seniorennotruf zu betätigen. Die Bewohnerin ist der Meinung, dass Blutdruckschwankungen zum Alter dazugehören; jegliche medizinische Abklärung lehnt sie ebenfalls ab.

Frau E.s Tochter ist bereits verzweifelt; mehrmals suchte sie das Gespräch mit der pflegeverantwortlichen Person der ambulanten Betreuung. Sie fragte nach, ob man ihre Mutter zu medizinischer Abklärung und Therapie überreden könne, damit sie in der letzten Lebensphase eine höhere Lebensqualität erlangen könne.

Aufgabe 1:
Wie kann das Sturzrisiko professionell eingeschätzt werden? Beschreiben Sie ein mögliches Instrument im Detail.

Aufgabe 2:
Beschreiben Sie wesentliche Maßnahmen zur Sturzprophylaxe.

Aufgabe 3:
Erläutern Sie den Begriff „Lebensqualität". Welche Rechte hat die Bewohnerin in Bezug auf Lebensqualität?

11.2 Diabetes mellitus Typ II – Raum und Zeit gestalten – sich beschäftigen

Frau Z., 89 Jahre, wohnt seit sechs Monaten auf der Bettenstation des Seniorenwohnhauses. Sie bewohnt ein Zweibettzimmer; den Kontakt zu ihrer Mitbewohnerin genießt sie sehr. Immer wieder lassen sich die beiden Damen von nahen Angehörigen Kuchen und Schokolade bringen, um den Nachmittag bei einem gemütlichen Kaffeekränzchen verbringen zu können. Dann sprechen sie viel über die „guten alten Zeiten" und sehen sich dabei immer wieder Fotos aus vergangenen Tagen an.

Frau Z. leidet an Diabetes mellitus Typ II, mehrmals hatte sie schon Probleme mit kleinen Wunden im Bereich des Nagelfalzes der linken Großzehe. Auch das Sehvermögen hat in den letzten Monaten abgenommen, eine augenärztliche Kontrolle ist bereits terminisiert. Die regelmäßigen Blutzuckerkontrollen zeigen immer wieder deutlich erhöhte Werte, der HbA1c-Wert ist ebenfalls seit Monaten erhöht. Die Bewohnerin wurde vor zwei Tagen während der Visite darüber aufgeklärt, dass eine subcutane Verabreichung von Insulin angedacht werde. Diese Information hat Frau Z. sehr betroffen gemacht, sie begann sofort zu weinen.

Aufgabe 1:
Erläutern Sie die Grundsätze der speziellen Fuß- und Nagelpflege bei Diabetes mellitus.

Aufgabe 2:
Beschreiben Sie die allgemeingültigen Richtlinien der Ernährung bei Diabetes mellitus.

Aufgabe 3:
Sinnvolle Beschäftigung ist in der Langzeitpflege ein zentrales Thema. Erörtern Sie die Wichtigkeit der Aktivität „Raum und Zeit gestalten – sich beschäftigen" und leiten Sie anschließend wesentliche Maßnahmen ab, die für Frau Z. bedeutsam sein könnten.

11.3 Periphere arterielle Verschlusskrankheit – Compliance

Herr S., 90 Jahre, wohnt seit sechs Jahren auf der Bettenstation des Seniorenwohnhauses. Er leidet an einer peripheren arteriellen Verschlusskrankheit; vor zwei Jahren musste ihm der linke Unterschenkel amputiert werden. Das rechte Bein und der Stumpf schmerzen oft sehr, deshalb verbringt Herr S. den Tag zumeist im Rollstuhl. Es ist ihm nicht möglich, den Rollstuhl selbst anzutreiben; er klagt sehr oft über Kraftlosigkeit in den Armen.

Am liebsten verbringt Herr S. den Nachmittag im Raucherzimmer; dort trifft er andere Bewohner*innen des Hauses zum Gedankenaustausch. Er ist auf allen Ebenen gut orientiert, die Lebensgeschichten seiner Mitbewohner*innen wecken bei ihm größtes Interesse. Dabei raucht er gerne mehrere Zigaretten, in den vergangenen Monaten ist sein Zigarettenkonsum auf ca. 40 Zigaretten pro Tag gestiegen.

Herr S. wurde bei der ärztlichen Visite über sein Risikoverhalten aufgeklärt. Er sieht jedoch keinen Grund, sein Verhalten in seinem Alter noch zu ändern. Er meint, das Personal und die Ärzt*innen wollten ihm sein letztes Vergnügen nehmen. Herr S. erklärt auch, dass er sich, falls es notwendig wäre, nicht mehr operieren lassen würde.

Aufgabe 1:
Beschreiben Sie das Krankheitsbild „periphere arterielle Verschlusskrankheit" im Detail und leiten Sie pflegerelevante Maßnahmen ab. Begründen Sie die Auswahl der Maßnahmen.

Aufgabe 2:
Welche Risikofaktoren fördern die Entstehung der peripheren arteriellen Verschlusskrankheit?

Aufgabe 3:
Was verstehen Sie unter dem Begriff „Compliance"? Erörtern Sie complianceférdernde und compliancehemmende Faktoren in der Pflege. Wie schätzen Sie die Compliance von Herrn S. ein?

11.4 Zerebraler Insult – Harnverlust – Entlassung in den häuslichen Bereich

Herr L., 78 Jahre, lebt seit vier Wochen auf der Bettenstation des Seniorenwohnhauses. Er bewohnt ein Zweibettzimmer; mit seinem Mitbewohner kann Herr L. nicht mehr ausreichend kommunizieren, da jener bettlägerig ist und häufig schläft.

Herr L. erlitt vor sieben Wochen einen zerebralen Insult, nach der Akutphase wurde er auf die Bettenstation des Seniorenwohnhauses transferiert. Es sind Empfindungsstörungen der linken Körperhälfte, Hemiparese links und eine Asymmetrie des Gesichtes zu beobachten. Der Schluckreflex ist intakt, Herr L. kann selbst essen und trinken sowie seine Medikamente einnehmen. Seit dem Insultgeschehen hat er Probleme, die Toilette rechtzeitig zu erreichen; immer wieder verliert er deshalb einige Tropfen Harn und beschmutzt damit seine Wäsche. Dieser Umstand ist ihm äußerst peinlich.

Herrn L. fällt die Eingewöhnung auf der Bettenstation sehr schwer – unter all den Bewohner*innen fühlt er sich besonders krank. Immer wieder berichtet er dem Pflegepersonal, dass er sicher wieder heimgehen werde, deshalb habe er seine Wohnung noch nicht aufgegeben. Diese Perspektive motiviert ihn, an den Therapien und Pflegehandlungen aktiv teilzunehmen.

Aufgabe 1:
Erläutern Sie wesentliche Risikofaktoren, welche an der Entstehung eines zerebralen Insultes beteiligt sind. Wie können die Risikofaktoren minimiert werden?

Aufgabe 2:
Welche Hilfestellungen können Sie Herrn L. bezüglich des tröpfchenweisen Harnverlustes anbieten? Begründen Sie Ihre Auswahl.

Aufgabe 3:
Wie können Sie Herrn L. langfristig für die Entlassung aktivieren? Welche Vorbereitungen müssen für die häusliche Pflege getroffen werden?

11.5 Sturzgefahr – Physio- und Ergotherapie

Frau S., 88 Jahre, wurde vor 8 Wochen in eine Langzeitpflegeeinrichtung aufgenommen. Sie hat sich sehr schnell eingelebt und rasch Kontakte zu den Mitbewohner*innen geknüpft. Fr. S. ist noch mobil, sie kann mit dem Rollator langsam durch die Station gehen, dabei stürzte sie schon mehrmals. Ernsthafte Verletzungen erlitt sie dabei keine.

Bei der morgendlichen Visite wurde Frau S. vom Stationsarzt vorgeschlagen, dass sie an einem physiotherapeutischen und ergotherapeutischen Programm teilnehmen sollte. Frau S. war darüber gar nicht begeistert. Sie sagte, das müsse sie erst mit ihrer Tochter, die jeden Sonntag kommt, besprechen. Frau S. gibt dann noch an, dass sie mit dem Rollator sehr gut zurechtkommt und eigentlich sonst keine Hilfe benötigt.

Abends liegt Frau S. grübelnd im Bett und meint, dass sie vor Aufregung nicht schlafen könne. Dieses Programm bereitet ihr Unbehagen. In der Dokumentation ist nachzulesen, dass Frau S. generell ängstlich ist und Veränderungen meist nicht positiv gegenübersteht.

Aufgabe 1:
Beschreiben Sie häufige Sturzursachen in einer Langzeitpflegeeinrichtung. Welche Maßnahmen können Sie im Rahmen der Sturzprophylaxe einplanen?

Aufgabe 2:
Welche Aufgabengebiete werden von Physiotherapeut*innen und Ergotherapeut*innen in der Langzeitpflege abgedeckt?

Aufgabe 3:
Wie können Sie die Motivation von Frau S. stärken?

12 Hauskrankenpflege

12.1 Fieber – Verwirrtheit

Frau M., 84 Jahre, wohnt alleine in einer Zweizimmerwohnung am Stadtrand. Ihr Hund ist ihr täglicher Begleiter. Täglich kommen Pflegeassistent*innen, um Frau M. bei der Körperpflege zu unterstützen. Die Kundin ist in ihrer Beweglichkeit deutlich eingeschränkt, es ist ihr aber noch möglich, mit dem Rollator vor das Haus zu gehen – schließlich muss sie täglich den Hund ausführen. Das bereitet ihr große Freude. Frau M. ist kontinent, sie kann die Toilette mühelos mit dem Rollator aufsuchen.

Die Orientierung der Kundin ist altersentsprechend. Ihr Sohn, 61 Jahre, übernimmt die Versorgung mit Speisen und Getränken, er wohnt in unmittelbarer Nähe. Der Haushalt wird gemeinsam mit dem Sohn erledigt. Frau M. legt Wert darauf, ihrer Frauenrolle nachzukommen.

In den letzten Tagen klagte Frau M. während der Körperpflege immer wieder über Probleme beim Urinieren, die genauere Beschreibung der Problematik ist ihr jedoch sehr peinlich.

Beim heutigen Morgeneinsatz bemerken Sie, dass Frau M. örtlich und zeitlich massiv desorientiert ist. Es fällt Ihnen auch auf, dass die Kundin offensichtlich eine erhöhte Körpertemperatur hat. Frau M. zeigt ein hohes Maß an motorischer Unruhe. Sie geht rastlos suchend durch die Wohnung, dabei schwitzt die Kundin stark und konfabuliert massiv.

Aufgabe 1:
Welche pflegerischen Maßnahmen setzen Sie? Begründen Sie Ihre Entscheidungen.

Aufgabe 2:
Wodurch grenzt sich die akute Verwirrtheit von der chronischen Verwirrtheit ab? Wie schätzen Sie die Situation von Frau M. ein?

Aufgabe 3:
Erläutern Sie prinzipielle Grundsätze im Rahmen der Pflege fieberkranker Patient*innen.

12.2 Ausscheiden – Körpertemperatur

Frau G., 88 Jahre, wird seit drei Jahren von der mobilen Hauskrankenpflege betreut. Aufgrund eines zerebralen Insultes hatte die Kundin große Probleme im Bereich der Haushaltsführung und der Besorgung der Waren für den täglichen Bedarf. Heimhilfen übernahmen dreimal wöchentlich die Hilfestellung, die Tochter versorgt ihre Mutter täglich mit frisch gekochten Speisen.

Heute Morgen lag Frau G. mit hohem Fieber im Bett; sie berichtete, dass sie nachts mehrmals erbrechen musste. Die Heimhilfe verständigte sofort die Rettung, Frau G. wurde auf der internen Abteilung eines Akutkrankenhauses aufgenommen.

Die Patientin wird soeben auf der Station aufgenommen. Sie gibt an, dass sie unter massiver Übelkeit leidet. Sie können bei Ihren pflegerischen Tätigkeiten beobachten, wie Frau G. abermals anfiebert.

Aufgabe 1:
Beschreiben Sie die Symptome des Fieberanstieges, der Fieberhöhe und des Fieberabfalles. Leiten Sie daraus wesentliche Pflegemaßnahmen ab und begründen Sie diese.

Aufgabe 2:
Welche pflegerischen Maßnahmen können Sie bei Übelkeit und Erbrechen setzen? Begründen Sie die von Ihnen ausgewählten Maßnahmen.

Aufgabe 3:
Erörtern Sie die unterschiedlichen Orte der Temperaturmessung und schlagen Sie ein dafür geeignetes Messverfahren vor. Begründen Sie Ihre Vorgehensweise.

12.3 Leberzirrhose – Umzugswunsch

Herr K., 46 Jahre, wird seit vier Monaten von den mobilen Diensten betreut. Vor zwei Jahren wurde bei ihm Leberzirrhose diagnostiziert. Zusätzlich leidet er an chronischer Polyneuropathie und depressiver Verstimmtheit.

Herr K. wird morgens täglich durch Pflegeassistent*innen bei der Körperpflege unterstützt. Heimhilfen bereiten ihm mittags Speisen und Getränke zu und erledigen diverse Besorgungen.

Die Teammitglieder berichten immer wieder, dass Herr K. mehrmals pro Woche diverse alkoholische Getränke ordert; das schadet seinem Gesundheitszustand. Die Pflegeassistent*innen meldeten der pflegeverantwortlichen DGKP, dass der Kunde bereits morgens Wein konsumiere.

Herr K. hat in den vergangenen Tagen die vorbereiteten Medikamente nicht mehr eingenommen; er sieht darin keinen Sinn. Beim letzten Einsatz gab er an, dass er nicht mehr alleine daheim wohnen wolle, aber nicht wisse, welche Möglichkeiten es für ihn noch gebe.

Aufgabe 1:
Beschreiben Sie das Krankheitsbild Leberzirrhose und leiten Sie anschließend wesentliche Pflegemaßnahmen ab.

Aufgabe 2:
Wie kann das Pflegepersonal allgemein dem Thema „Alkohol im Bereich der Hauskrankenpflege" begegnen? Welche Maßnahmen sind im Rahmen des Möglichen?

Aufgabe 3:
Wie können Sie auf Herrn K.s Wohnungswunsch reagieren? Welche Wohnmöglichkeiten können Sie dem Kunden empfehlen?

12.4 Körperpflege – Betreuung des Ehepartners

Das Ehepaar G. wird seit drei Jahren von den mobilen Diensten betreut. Frau G., 83 Jahre, und Herr G., 85 Jahre, sind nicht mehr in der Lage, den Haushalt selbst zu bewältigen. Frau G. leidet seit Jahren an Osteoporose; mehrere Keilwirbelbildungen erschweren ihr den Alltag. Herr G. erkrankte vor vier Jahren an COPD. Derzeit werden bei körperlicher Belastung seine Lippen zyanotisch und Husten setzt ein.

Die Heimhilfe hat die Verschlechterung des Gesundheitszustandes von Herrn G. gemeldet. Seit diesem Zeitpunkt haben Pflegeassistent*innen die Hilfestellung bei der Körperpflege übernommen. Frau G. berichtet, dass sie über diese Hilfe sehr froh sei, denn die Situation überfordere sie sehr.

Vor zwei Tagen stürzte Frau G. im Schlafzimmer. Der Unfall endete mit einem Gipsarm, sie konnte sofort in häusliche Pflege entlassen werden. Seither macht sich Frau G. große Sorgen darüber, was geschehen würde, wenn sie wirklich einmal stationär aufgenommen werden müsste. Sie ist der Meinung, dass ihr Mann den Alltag ohne sie nicht mehr bewältigen kann.

Aufgabe 1:
Beschreiben Sie die Möglichkeiten der Körperpflege bei eingeschränkter körperlicher Belastbarkeit.

Aufgabe 2:
Welche Möglichkeiten der Körperpflege hat Frau G.? Wie können Sie die Kundin dabei unterstützen?

Aufgabe 3:
Erläutern Sie, welche Varianten der Betreuung und Pflege Herrn G. offenstehen würden, wenn Frau G. stationär aufgenommen werden müsste.

12.5 Harninkontinenz – Körperpflege

Frau F., 88 Jahre, wird seit drei Jahren vom mobilen Pflegedienst betreut und gepflegt. Die Kundin hat eine kleine Zweizimmerwohnung mit WC am Gang. Die Altbauwohnung hat kein eigenes Badezimmer, in der Küche befindet sich eine Waschnische mit einer nachträglich eingebauten Duschkabine. Die Gegebenheiten sind sehr beengt und nicht barrierefrei. Frau F. liebt ihre Wohnung sehr, schließlich wohnt sie schon seit 1951 an dieser Adresse. Viele positive Erinnerungen und Nachbarschaftskontakte bestärken sie in ihrer Entscheidung, dort wohnen zu bleiben.

Frau F. kann für das tägliche Duschbad alle benötigten Utensilien selbst vorbereiten, für den Einstieg in die Dusche und für den Duschvorgang benötigt sie die Unterstützung durch eine Pflegeperson. Sie vergisst immer wieder, welche Körperteile schon gewaschen sind und welcher Schritt als nächstes folgt.

Seit drei Monaten leidet Frau F. an einer beginnenden Harninkontinenz. Aus diesem Grund trinkt sie sehr wenig, damit sie nicht so oft über den Gang auf die Toilette gehen muss. Fr. F. ist deshalb sehr unglücklich, schließlich möchte sie in ihrer geliebten Wohnung bleiben.

Aufgabe 1:
Wie können Sie eine beginnende Harninkontinenz bei Patient*innen erkennen? Welche Beobachtungen werden oftmals beschrieben?

Aufgabe 2:
Erläutern Sie die Grundprinzipien der Hautpflege bei Harninkontinenz!

Aufgabe 3:
Wie können Sie Frau F. beim Duschen professionell unterstützen? Begründen Sie Ihre pflegerischen Handlungen!

12.6 Angst – Mobilität

Frau Z., 76 Jahre alt, wird seit zwei Jahren von Pflegeassistent*innen in ihrer Zweizimmerwohnung gepflegt. Sie ist vor Jahren an einer Schilddrüsenunterfunktion und an einer Depression erkrankt. Frau Z. verlässt die Wohnung nur, wenn es dringend notwendig ist. Sie hat ständig Angst, dass ihr auf der Straße etwas zustoßen könnte. Sie berichtet, dass sie schon als junge Frau immer wieder unter Panikattacken gelitten hat. Vor zwei Jahren stürzte sie auf der Rolltreppe, ein komplizierter Bruch des Schienbeines und des Wadenbeines waren die Folge. Seitdem hinkt Frau Z., sie benützt deshalb einen Rollator.

Frau Z. ist adipös, sie wiegt seit Jahren etwa 122 kg. Das enorme Körpergewicht erschwert die Bewegung.

Frau Z. benötigt Hilfe bei der Körperpflege und bei der Gestaltung des Alltags. Sobald 1–2 Tagespunkte am Programm stehen, fühlt sich Frau Z. gestresst und hat Angst. Sie legt sich dann ins Bett und meint, dass der Tag bereits gelaufen sei. Frau Z. ist dann kaum mehr in der Lage, sich selbst zu versorgen.

Die beiden Töchter machen sich große Sorgen. Sie meinen, dass ihre Mutter in einer schlechten körperlichen und psychischen Verfassung sei. Sie haben die Aufnahme in eine Langzeitpflegeeinrichtung vorgeschlagen, doch Frau Z. möchte davon nichts wissen. Die Klientin meint, dass sei alles nur neuer Stress für sie. Frau Z. hinterfragt des Öfteren, warum sie noch auf der Welt ist.

Aufgabe 1:
Welche Ansätze gibt es bei der Erklärung von krankhafter Angst bzw. Angststörungen? Beschreiben Sie die Leitsymptome der Depression!

Aufgabe 2:
Erläutern Sie wesentliche Elemente der psychiatrischen Untersuchung.

Aufgabe 3:

Was verstehen Sie unter dem Begriff „Mobilität" und warum ist Bewegung für den Menschen wichtig? Wie entsteht Bewegung im menschlichen Körper?

12.7 24-Stunden-Betreuung – pflegende An- und Zugehörige – Hör- und Seheinschränkung

Herr M., 88 Jahre alt, lebt seit dem Tod seiner Ehefrau vor neun Jahren alleine in einem kleinen Einfamilienhaus am Stadtrand.

Aufgrund einer fortschreitenden Seheinschränkung auf beiden Augen und zunehmender körperlicher Schwäche wird Herr M. täglich, auch am Wochenende, durch einen mobilen Dienst gepflegt. Der Kunde wird morgens bei der täglichen Körperpflege, beim Kleiderwechsel und bei der Verabreichung der Medikamente durch Pflegeassistent*innen unterstützt. Mittags und abends wird Herr M. durch Heimhelfer*innen betreut, diese sorgen für eine warme Mahlzeit und für die notwendige Kommunikation sowie den Kleiderwechsel am Abend. Hauswirtschaftliche Tätigkeiten übernehmen Familienangehörige, sie besuchen Herrn M. jedes Wochenende nach Absprache.

Herr M. hat viele langwierige Augenbehandlungen hinter sich gebracht, er möchte keine weitere Therapie mehr veranlassen.

Die Pflegeassistent*innen sowie die Heimhelfer*innen beobachten, dass Herr M. zunehmend schlechter sieht und deshalb immer wieder stolpert. Auch das Hörvermögen hat abgenommen, die Verständigungsprobleme häufen sich. Zusätzlich beklagt Herr M., dass er tagsüber eigentlich Hilfe bei „1000 Handgriffen“ benötigt. Auch der nächtliche Toilettengang fällt ihm immer schwerer. Seine Tochter fragt am Wochenende bei der diensthabenden Pflegeassistentin nach, ob eine 24-Stunden-Betreuung eine gute Lösung wäre. Sie berichtet, dass es für sie sehr schwierig ist, ihren Vater so hilflos zu sehen.

Aufgabe 1:
Erläutern Sie die gesetzlichen Bestimmungen zum Thema „24-Stunden-Betreuung“ und erörtern Sie anschließend, welchen Nutzen Herr M. daraus ziehen könnte.

Aufgabe 2:
Welche Möglichkeiten hat die Hauskrankenpflegeorganisation, auf die Ängste der Tochter einzugehen? Welchen Stellenwert haben pflegende An- und Zugehörige im Bereich der mobilen Pflege?

Aufgabe 3:
Welche wesentlichen Punkte beachten Sie allgemein bei der Betreuung und Pflege von hör- und seheingeschränkten Kund*innen?

Teil III
Mehrdimensionale Fallbeispiele

13 Akut- und Langzeitpflege einschließlich Pflegetechnik

13.1 Allgemeine Schwäche – Körperpflege – kleiden

Frau M., 88 Jahre, ist seit vier Jahren in häuslicher Pflege. In den vergangenen drei Monaten entwickelte sich aufgrund einer allgemeinen Schwäche eine Bettlägerigkeit mit Ortsfixierung. Die Kundin kann bei diversen Pflegetätigkeiten nur mehr geringfügig mithelfen; dafür benötigt sie sehr viel Motivation durch eine Pflegeperson.

Die Einsätze erfolgen von Montag bis Sonntag dreimal täglich, in der Früh wird die Körperpflege durch Pflegeassistent*innen durchgeführt. Zwischen den Einsätzen wird Frau M. durch Angehörige betreut, die Tochter wohnt mit der Klientin im gemeinsamen Haushalt.

Seit Tagen ist Frau M. sehr beunruhigt. Immer wieder beginnt sie während der Pflegehandlungen spontan zu weinen. Im Gespräch gibt die Kundin an, sie habe Angst, ihrer Tochter zur Last zu fallen. Auch die Bettlägerigkeit sowie die Abhängigkeit von ihrer Tochter würden sie sehr belasten.

Aufgabe 1:
Welche pflegerelevanten Probleme und Ressourcen erkennen Sie? Welche Maßnahmen können Sie in die Wege leiten? Begründen Sie Ihre Antwort!

Aufgabe 2:
Beschreiben Sie die Vorbereitung, Durchführung und Nachbereitung der Körperpflege im Bett und begründen Sie den Umgang mit „weniger belastbaren Patient*innen".

Aufgabe 3:
Welche Bekleidung würden Sie Frau M. empfehlen? Begründen Sie Ihre Entscheidung.

13.2 Paraplegie – Körperpflege – kleiden

Herr G., 34 Jahre, Paraplegiker seit einem Freizeitunfall, wird täglich im Rahmen eines Morgeneinsatzes durch Pflegeassistent*innen gepflegt. Der Klient benötigt Hilfe bei der Körperpflege, seine größte Freude ist die tägliche Dusche. Herr G. erzählt Ihnen, dass er fürchte, während der Körperpflege aus dem Duschsessel zu stürzen.

Der Kunde pflegt sehr viele soziale Kontakte. Mittags und abends kümmert sich die Familie um ihn. Herr G. ist gut rehabilitiert und kann bei vielen pflegerischen Handlungen ausreichend mitarbeiten, so auch bei der Körperpflege.

Bei der Auswahl der Bekleidung ist Herr G. sehr wählerisch. Er legt Wert darauf, schön angezogen zu sein. Darüber hinaus soll die Kleidung praktikabel sein. Schließlich ist es ihm besonders wichtig, sich selbst aus- und anziehen zu können.

Aufgabe 1:
Welche pflegerelevanten Ressourcen und Probleme erkennen Sie? Welche Maßnahmen können Sie in die Wege leiten? Begründen Sie Ihre Antwort.

Aufgabe 2:
Beschreiben Sie Vorbereitung, Durchführung und Nachbereitung des Duschens und begründen Sie Ihren Umgang mit den geäußerten Ängsten.

Aufgabe 3:
Welche Bekleidung würden Sie Herrn G. empfehlen? Begründen Sie Ihre Entscheidung.

13.3 Gangunsicherheit – Körperpflege – kleiden

Frau S., 91 Jahre, lebt gemeinsam mit ihrem Ehemann in einer geräumigen Eigentumswohnung. Der Zugang zur Wohnung und zum Lift ist barrierefrei, in der Wohnung befinden sich keine Stolperfallen. Das Badezimmer ist sehr eng und mit einer Badewanne ausgestattet.

Herr S., 93 Jahre, ist kognitiv teilweise eingeschränkt und mobil. Er vergisst immer wieder wichtige Informationen, Arzttermine sowie private Verabredungen.

Frau S. kann mit sehr viel Mühe mit dem Rollator gehen; ihr Gang wirkt sehr unsicher, die Schritte sind klein und zappelig. Die Klientin ist jedoch immer gut gelaunt und zeigt viel Compliance.

Die Kundin wird täglich von Montag bis Sonntag morgens von Pflegeassistent*innen gepflegt, tagsüber sind Pflege und Betreuung durch Privatpersonen organisiert.

Frau S. zeigt sich bei den Einsätzen stets sehr besorgt. Sie hat Angst, dass ihr Ehemann dement sein könnte.

Aufgabe 1:
Welche pflegerelevanten Ressourcen und Probleme erkennen Sie? Welche Maßnahmen können Sie in die Wege leiten? Begründen Sie Ihre Antwort.

Aufgabe 2:
Beschreiben Sie Vorbereitung, Durchführung und Nachbereitung der von Ihnen vorgeschlagenen Form der Körperpflege.

Aufgabe 3:
Welche Bekleidung würden Sie Frau S. empfehlen? Begründen Sie Ihre Entscheidung.

13.4 Gehbehinderung – Körperpflege – Einsamkeit

Frau S., 77 Jahre, lebt alleine in einer kleinen Zweizimmerwohnung mit Toilette am Gang. In der Wohnung gibt es kein Badezimmer, in der Küche befinden sich jedoch eine Waschgelegenheit und eine nachträglich eingebaute Dusche.

Frau S. hat eine zeitliche Orientierungsstörung. Insbesondere morgens hat sie Probleme, sich zurechtzufinden. Zusätzlich ist die Kundin gehbehindert; die Handhabung des Rollators fällt ihr sehr schwer. Es bereitet Frau S. große Mühe, die Toilette am Gang aufzusuchen, aber es ist ihr Wunsch, selbstständig zu sein. Eine fortgeschrittene Höreinschränkung erschwert die Kommunikation; die Kundin vergisst oftmals, die Hörgeräte einzusetzen.

Die Klientin erzählt Ihnen wiederholt, dass sie gerne wieder einen kleinen Hund hätte, damit sie nicht so einsam ist.

Die Pflegepersonen kommen täglich von Montag bis Sonntag zur Körperpflege. Die weitere Betreuung und Pflege wird von Bekannten und Familienangehörigen übernommen.

Aufgabe 1:
Welche pflegerelevanten Ressourcen und Probleme erkennen Sie? Welche Maßnahmen können Sie in die Wege leiten? Begründen Sie Ihre Entscheidungen.

Aufgabe 2:
Beschreiben Sie Vorbereitung, Durchführung und Nachbereitung der von Ihnen empfohlenen Variante der Körperpflege. Begründen Sie Ihre Entscheidungen.

Aufgabe 3:
Wie können Sie dem Wunsch nach einem Hund begegnen? Welche Auswirkungen haben Einsamkeit und Isolation auf die Lebensqualität? Leiten Sie wesentliche Pflegemaßnahmen ab und begründen Sie Ihre Entscheidungen.

13.5 Trauer – Alkoholkonsum – Körperpflege

Herr B., 72 Jahre, lebt alleine in einer sanierten Altbauwohnung mit Lift. Der Zugang zur Wohnung ist barrierefrei. Seine Ehefrau verstarb vor sechs Monaten plötzlich und unvorhergesehen, darunter leidet er sehr. Seit ihrem Tod sieht er keinen Sinn mehr in seinem Dasein.

Der Kunde leidet an Diabetes mellitus Typ II, arteriellen Durchblutungsstörungen in beiden Beinen, ausgeprägter Sehschwäche und chronischen Schmerzen im Bereich der Lendenwirbelsäule.

Die tägliche Körperpflege kann prinzipiell selbst durchgeführt werden. Herr B. vernachlässigt seit dem Tod seiner Ehefrau jedoch die Körperpflege; Körper- und Mundgeruch sind immer wieder wahrnehmbar. Er benötigt deshalb sehr viel Motivation und Anleitung durch eine Pflegeperson.

Herr B. hat seinen Alkoholkonsum in der letzten Zeit erhöht, derzeit trinkt er tagsüber etwa einen Liter Weißwein und drei bis vier Stamperln Schnaps.

Sie kommen um acht Uhr morgens zur Körperpflege. Herr B. sitzt weinend im Wohnzimmer, er hat das erste Glas bereits in der Hand.

Aufgabe 1:
Welche pflegerelevanten Ressourcen und Probleme erkennen Sie? Welche Maßnahmen können Sie in die Wege leiten?

Aufgabe 2:
Beschreiben Sie die Phasen der Trauerbewältigung und leiten Sie pflegerelevante Maßnahmen ab. Begründen Sie die von Ihnen ausgewählten Schritte.

Aufgabe 3:
Wie können Sie die Psyche des Kunden nachhaltig stärken? Begründen Sie die von Ihnen ausgewählten Maßnahmen.

13.6 Morbus Parkinson – Mobilisierung – depressive Verstimmung

Frau M., 76 Jahre, lebt alleine in ihrer kleinen Zweizimmerwohnung, die sanierungsbedürftig und nicht barrierefrei zugänglich ist. Ihr Mann ist bereits vor zehn Jahren verstorben; den Verlust hat sie bis heute nicht zur Gänze verkraftet. Manchmal meint Frau M., der Kummer habe sie krank gemacht. Die Kundin leidet seit neun Jahren an Morbus Parkinson, die klassischen Symptome sind gut zu beobachten.

Viele Türschwellen, enge Türrahmen und ein sehr kleines Badezimmer mit integriertem WC erschweren den Alltag. Bis vor einem Jahr konnte Frau M. die Wohnung noch selbst verlassen, nach einigen Stürzen traut sie sich jedoch nicht mehr alleine außer Haus. Derzeit benötigt sie einen Rollator; die Handhabung bereitet ihr keine Probleme. Der Bewegungsradius von Frau M. hat sich in den vergangenen drei Monaten jedoch deutlich reduziert, sie verlässt die Wohnung nur mehr etwa einmal im Monat mit der Hilfe ihres Sohnes.

Frau M. wirkt zunehmend depressiv verstimmt; die Einsamkeit und das Gefühl, abhängig zu sein, machen ihr sehr zu schaffen.

Zweimal täglich kommt der mobile Pflegedienst zu Frau M.: Morgens erfolgt die Unterstützung bei der Körperpflege in der Dusche oder beim Waschbecken, danach benötigt die Kundin Hilfe beim Ankleiden und beim Zubereiten des Frühstücks. Der Abenddienst ist Frau M. beim Umziehen und bei der Einnahme der Medikamente behilflich. Danach wird Frau M. beim Zubettgehen unterstützt.

Aufgabe 1:
Beschreiben Sie Möglichkeiten der professionellen Sturzeinschätzung. Erläutern Sie die Auswirkungen eines Sturzereignisses und gehen Sie anschließend auf mögliche prophylaktische Maßnahmen ein.

Aufgabe 2:

Welche Faktoren sind wesentlich, wenn Sie Frau M. bei der Mobilisierung

a) innerhalb der Wohnung behilflich sind?

b) außerhalb der Wohnung behilflich sind?

Begründen Sie Ihre Vorgehensweise.

Aufgabe 3:

Erläutern Sie wesentliche pflegerische Maßnahmen, welche der depressiven Verstimmung entgegenwirken können. Begründen Sie Ihre Vorschläge.

13.7 Demenz – Kommunikation – Körperpflege

Herr K., 88 Jahre, wohnt seit Jahren im Pflegewohnhaus auf der Pflegestation in einem Einzelzimmer. Seine Ehefrau ist vor Jahren verstorben. Der Bewohner ist zunehmend dement und befindet sich in der beginnenden Konfusionsphase. Speziell in der Nacht läutet Herr K. phasenweise engmaschig; dabei berichtet er dem Pflegepersonal, dass er Angst habe.

Die Tochter kommt regelmäßig an den Wochenenden zu Besuch. Sie möchte gerne wissen, warum ihr Vater so wenig Kontakt zu den Mitbewohner*-innen hat. Dann gibt sie an, dass ihr Vater eigentlich immer sehr gesellig gewesen sei. Aus ihrer Sicht besteht die Gefahr der Vereinsamung.

Herr K. benötigt Unterstützung beim Duschen; er vergisst immer wieder, welcher Schritt als nächstes zu tun ist. Er kann die Toilette zwar noch rechtzeitig aufsuchen, dann weiß er jedoch nicht mehr, was er dort tun soll. Die Tochter fragt, ob das denn nicht eine Qual sei und eine „Windelhose" besser wäre.

Der Bewohner ist mobil, er kann ohne Hilfsmittel durch die Station gehen. Am liebsten sitzt er jedoch in seinem Zimmer beim Tisch. Oft hat das Pflegepersonal den Eindruck, er warte auf etwas oder auf jemanden.

Herrn K.s Appetit ist normal, er kann selbstständig essen und trinken; am liebsten isst er Mehlspeisen und Pudding. Die Tochter fragt, ob das denn nicht ungesund sei.

Aufgabe 1:
Beschreiben Sie typische Veränderungen in der beginnenden Konfusionsphase. Welche Schritte sind dabei pflegerisch zu beachten? Welche Veränderungen sind in weiterer Zukunft zu erwarten?

Aufgabe 2:
Welche wesentlichen Punkte sind im Rahmen der Kommunikation mit Herrn K. und der Tochter zu beachten? Welche speziellen Informationen können ihr weiterhelfen?

Aufgabe 3:
Beschreiben Sie im Detail, wie Sie Herrn K. bei der Körperpflege unterstützen können. Begründen Sie Ihre Vorgehensweise.

13.8 Demenz – Kommunikation – Verweigerung

Frau O., 81 Jahre, wohnt seit acht Wochen auf der Pflegestation des Seniorenwohnhauses. Zuvor ist sie von ihrer Tochter daheim gepflegt worden; diese Situation hat oft zu Überforderungen und Konfliktsituationen geführt. Deshalb holte die Tochter Erkundigungen über diverse Seniorenwohnhäuser ein; dann trafen beide gemeinsam die Entscheidung. Frau O. ist die Übersiedelung sehr schwergefallen, die Tochter ist über diese Lösung jedoch sehr erleichtert.

Die Bewohnerin ist dement. Die weitere Abklärung hat ergeben, dass sich Frau O. in der Turbulenzphase befindet. Sie kann sich nicht mehr verständlich ausdrücken, meist spricht sie Wortsilben oder Halbsätze, oft konfabuliert sie. Sie zeigt auch häufig ein hohes Maß an motorischer Unruhe. Tagsüber und auch nachts läuft Frau O. immer wieder ziellos durch die Station. Dabei betritt sie fremde Zimmer und behauptet, dass dies ihr Zimmer sei. Die Mitbewohner*innen meiden sie oftmals; auch im Speisesaal sitzt sie zumeist alleine bei Tisch.

Frau O. wird täglich beim Waschbecken gewaschen; das Duschen verweigert sie häufig. Die Tochter fragt, ob es nicht hygienischer wäre, die Mutter zu duschen, da sie ja auch harn- und stuhlinkontinent sei. Beim letzten Besuch äußerte sie den Wunsch, dass die Mutter mit Medikamenten ruhiggestellt werde.

Aufgabe 1:
Beschreiben Sie typische Veränderungen in der Turbulenzphase. Welche pflegerischen Maßnahmen sind dabei zu berücksichtigen? Welche Veränderungen sind in weiterer Zukunft zu erwarten?

Aufgabe 2:
Welche wesentlichen Punkte sind im Rahmen der Kommunikation mit Frau O. und ihrer Tochter zu beachten? Welche speziellen Informationen können der Tochter weiterhelfen?

Aufgabe 3:
Wie können Sie der herausfordernden Situation „Verweigerung bei der Körperpflege" professionell begegnen? Begründen Sie Ihre Entscheidungen.

13.9 Bettwäschewechsel – Leibschüssel – sitzende Lagerung

Frau S., 94 Jahre, wohnt seit einem Jahr auf der Pflegestation des Pflegewohnhauses. Sie ist seit der Aufnahme bettlägerig, Anlassfall war ein obstipationsbedingter Ileus. Frau S. konnte sich von der lebensbedrohlichen Erkrankung nur mehr teilweise erholen, allgemeine körperliche Schwäche bestimmt den Alltag. Das Muskelrelief ist deutlich reduziert, die Bewohnerin kann nur mehr geringfügig mit sehr viel Mühe bei der täglichen pflegerischen Versorgung mithelfen.

Die tägliche Körperpflege inklusive Bettwäsche- und Kleidungswechsel erfolgt im Bett, dann wird die Bewohnerin bequem sitzend im Bett gelagert. Sie liest gerne die Tageszeitung; dafür benötigt sie ihre Brille. Nach dem Mittagessen, welches sie mit dem Löffel selbst einnehmen kann, pflegt sie, ein Mittagsschläfchen zu machen.

Frau S. ist kontinent; Stuhl und Harn werden auf der Leibschüssel abgesetzt. Die anschließende Reinigung und Intimtoilette erfolgen durch eine Pflegeperson. Die Bewohnerin ist sehr stolz auf sich selbst, weil sie den Stuhl- und Harndrang verspürt. Während der Intimtoilette sagt sie oft: „Wenn man eine Windelhose braucht, ist es rasch vorbei."

Frau S. bekommt keinen Besuch; der Ehemann und ihr Sohn sind bereits verstorben. Ihre Freundin Maria ist selbst bettlägerig, deshalb telefoniert sie regelmäßig mit ihr.

Aufgabe 1:
Beschreiben Sie eine Möglichkeit des Bettwäschewechsels bei Frau S. und gehen Sie anschließend auf die hygienischen Richtlinien ein.

Aufgabe 2:
Erläutern Sie, wie Sie Frau S. die Leibschüssel reichen können, und gehen Sie anschließend auf die Intimtoilette ein.

Aufgabe 3:
Erklären Sie, wie Sie Frau S. für das Mittagessen im Bett lagern würden, und begründen Sie Ihre Vorgehensweise. Gehen Sie anschließend auf die Erstellung eines Tellerprotokolls ein.

13.10 Rollator – Intertrigo – Ernährung

Frau W., 89 Jahre, wird seit vier Jahren von den mobilen Diensten daheim versorgt. Sie bewohnt eine kleine Zweizimmerwohnung, der Lift befindet sich im Halbstock. Ihre Tochter wohnt in unmittelbarer Nähe; nahezu täglich schaut sie bei ihrer Mutter vorbei. Besorgungen und Erledigungen übernimmt die Tochter, auch Arzttermine werden von ihr organisiert.

Die Kundin leidet an Adipositas per magna, massive degenerative Prozesse in den Knie- und Hüftgelenken sowie in der Wirbelsäule erschweren die Mobilität. Vor einigen Jahren erkrankte die Kundin auch an Diabetes mellitus Typ II.

Frau W. kann selbstständig mit dem Rollator durch die Wohnung gehen, sämtliche Stolperfallen wurden bereits entfernt. Das Aufstehen von Bett oder Sessel ist mit sehr viel Anstrengung und Mühe möglich, Frau W. hält sich bei sämtlichen Mobilisierungsschritten bevorzugt an Möbelstücken an. Die Kundin kann sich selbst keine festen Hausschuhe anziehen, deshalb schlüpft sie nur in sehr ausgeweitete Pantoffeln.

Die Körperpflege erfolgt sitzend beim Waschbecken, Rücken und Beine werden von einer Pflegeperson gewaschen. Seit einigen Tagen bestehen massive Rötungen in beiden Leistenregionen und unterhalb der Brust. Frau W. gibt an, die betroffenen Hautregionen würden jucken.

Es fällt Frau W. sehr schwer, ihr Körpergewicht zu reduzieren. Im Gespräch mit der verantwortlichen Pflegeperson entsteht der Eindruck, Frau W. habe die Grundprinzipien der Ernährung bei Adipositas und Diabetes mellitus nicht verstanden.

Aufgabe 1:
Erklären Sie die korrekte Handhabung des Rollators. Wann ist ein Rollator kontraindiziert? Erläutern Sie anschließend, wie Sie dieses Hilfsmittel im Rahmen der Hauskrankenpflege besorgen können.

Aufgabe 2:
Erläutern Sie die Grundprinzipien der Intertrigoprophylaxe. Wie reagieren Sie auf die bereits bestehenden Rötungen in den Hautfalten?

Aufgabe 3:
Erörtern Sie die Grundprinzipien der Ernährung bei Diabetes mellitus und Adipositas.

13.11 Palliativpflege – Schmerztherapie – Kontrakturenprophylaxe

Herr E., 79 Jahre, wird seit zwei Monaten vom mobilen Hospizteam gepflegt. Es war sein größter Wunsch, daheim zu sterben. Seine Ehefrau unterstützt ihn dabei.

Der Klient erkrankte vor drei Jahren an einem Prostatakarzinom, nach der Operation folgten mehrere Strahlentherapiezyklen. Die Krankheit schritt jedoch voran, bei Herrn E. wurden multiple Knochenmetastasen diagnostiziert.

Derzeit bestehen bei Herrn E. eine Harninkontinenz, Kachexie, allgemeine körperliche Schwäche sowie Bettlägerigkeit. Es ist dem Klienten kaum möglich, bei diversen Pflegehandlungen mitzuhelfen. Er leidet an enormen Schmerzen im Bereich der Lendenwirbelsäule, die tägliche Schmerztherapie steht deshalb im Vordergrund.

Derzeit bekommt Herr E. stark wirksame Opioide verabreicht, die Lebensqualität konnte dadurch deutlich verbessert werden. Es ist Herrn E. möglich, den Tag nahezu schmerzfrei zu verbringen. Abends bekommt der Klient ein Koanalgetikum verabreicht, so kann er mehrere Stunden gut durchschlafen.

Die Ehefrau macht sich darüber Gedanken, dass ihr Mann immer in der gleichen Position, nämlich zusammengekauert in Seitenlage links, liegen möchte. Andere Positionen akzeptiert er nicht; er gibt an, dass er in dieser Position absolut schmerzfrei ist.

Aufgabe 1:
Erläutern Sie das Stufenschema der Schmerztherapie, welches die WHO definiert. Gehen Sie anschließend auf die Grundprinzipien der Medikamentenvorbereitung und -verabreichung ein.

Aufgabe 2:
Welche Patientengruppen sind besonders kontrakturgefährdet? Beschreiben Sie anschließend wesentliche Grundlagen der Kontrakturenprophylaxe. Ist Herr E. potenziell gefährdet?

Aufgabe 3:
Erklären Sie den Begriff „Palliativpflege". Welche speziellen Aufgaben kann das mobile Hospizteam im häuslichen Bereich wahrnehmen?

13.12 Schmerzeinschätzung – Gehhilfen – häusliche Pflege

Frau H., 80 Jahre, wurde vor vier Tagen auf der unfallchirurgischen Abteilung des Akutkrankenhauses aufgenommen. Die Patientin war in ihrer Wohnung gestürzt, Prellungen und Hämatome waren die Folge.

Die Seniorin leidet seit Jahren an Osteoporose, ein ausgeprägter Rundrücken sowie chronische Schmerzen sind zu beobachten. Seit neun Monaten benützt Frau H. daheim einen Rollator, die Gangunsicherheit und die Schmerzen führten zum Sturz. Zusätzlich bestehen seit Jahren rheumatische Veränderungen der Fingergelenke, die Feinmotorik ist bereits verloren gegangen. Das bereitet der Patientin zum Beispiel Probleme beim An- und Auskleiden oder beim Vorbereiten der Medikamente.

Frau H. macht sich große Sorgen, ob sie alleine daheim wohnen kann. Zuletzt wurde sie dreimal täglich von der mobilen Hauskrankenpflege betreut und gepflegt. Die Wohnung ist sehr eng, diverse kleine, lose Teppiche liegen im Wohnzimmer und im Vorraum. Frau H. hat zuletzt im Wohnzimmer auf der Couch genächtigt, es war ihr nicht mehr möglich, in das zu niedrige Bett im Schlafzimmer zu steigen. Sie ist auf allen Ebenen sehr gut orientiert, ihre Bedürfnisse kann sie sehr gut artikulieren. Ihre Tochter besucht sie regelmäßig und kümmert sich um persönliche Belange.

Aufgabe 1:
Erläutern Sie die Erfassung der Schmerzintensität mittels Schmerzskala. Beschreiben Sie, wie Sie dieses Instrument korrekt handhaben.

Aufgabe 2:
Erörtern Sie, welche Gehhilfen für Frau H. sinnvoll wären. Begründen Sie Ihre Entscheidungen und erläutern Sie anschließend die Handhabung der von Ihnen ausgewählten Gehhilfen.

Aufgabe 3:
Durch welche konkreten Maßnahmen kann die Lebensqualität von Frau H. im häuslichen Bereich verbessert werden? Welche Berufsgruppen können Frau H. im häuslichen Bereich unterstützen? Erläutern Sie die Aufgabengebiete der von Ihnen genannten Berufsgruppen im Detail.

13.13 Sterbephasen – Patientenrechte – Pneumonieprophylaxe

Herr L., 97 Jahre, wohnt seit zwei Jahren im Seniorenwohnhaus auf der Pflegestation. Der Bewohner ist bettlägerig und in seinem Allgemeinzustand deutlich reduziert. Von einem schweren grippalen Infekt vor vier Monaten hat sich Herr L. nicht mehr zur Gänze erholt. Zusätzlich erkrankte er vor sechs Jahren an chronischer Rechtsherzinsuffizienz, die Rückstauproblematik hat sich seit dem grippalen Infekt verstärkt. Das Körpergewicht ist deutlich reduziert, der BMI beträgt 16,35.

Die Körperpflege wird täglich im Bett durchgeführt, anschließend erfolgen regelmäßig passive Bewegungsübungen durch Physiotherapeut*innen. Seit einigen Tagen möchte Herr L. nichts mehr essen, er gibt an, vollkommen appetitlos zu sein. Auch das Trinken fällt ihm schwer, die Flüssigkeitssubstitution erfolgt intravenös. Der Bewohner ist stuhl- und harninkontinent, den Schutzhosenwechsel empfindet Herr L. als sehr belastend.

Bei der heutigen Visite gibt Herr L. an, dass er die Medikamente nicht mehr einnehmen und eigentlich nur mehr seine Ruhe haben möchte. Dann meint er, dass es doch normal sei, in diesem Alter zu sterben. Für ihn ist dieser Umstand akzeptabel.

Aufgabe 1:
Beschreiben Sie die Phasen des Sterbens nach Kübler-Ross. Leiten Sie anschließend wesentliche pflegerische Maßnahmen für Herrn L. ab und begründen Sie diese.

Aufgabe 2:
Welche Patientengruppen weisen ein hohes Pneumonierisiko auf? Erläutern Sie wesentliche Maßnahmen im Rahmen der Pneumonieprophylaxe und begründen Sie die von Ihnen ausgewählten Maßnahmen.

Aufgabe 3:
Erörtern Sie wesentliche Patientenrechte und erklären Sie anschließend, wie die Pflege darauf reagieren kann. Welche Rechte haben sterbende Menschen grundsätzlich?

13.14 Einsamkeit – Sturzprophylaxe – Inkontinenzprodukte

Frau S., 96 Jahre, wird seit sechs Jahren von der mobilen Hauskrankenpflege gepflegt. Sie wohnt alleine im dritten Stock. Der Lift hält im Halbstock, bis zur Wohnungstüre sind acht Stufen zu bewältigen. Die Kundin hat einen Sohn, 71 Jahre; er besucht seine Mutter mehrmals wöchentlich. An der Pflege kann er sich nicht beteiligen, da er selbst an chronischen Rückenschmerzen leidet.

Frau S. erkrankte vor Jahren an Morbus Parkinson, es ist ihr kaum möglich, ohne Hilfe mit dem Rollator zu gehen. Sie benötigt für sämtliche Mobilisationsschritte Hilfe durch eine Pflegeperson. Die Kundin ist harn- und stuhlinkontinent, der Schutzhosenwechsel erfolgt dreimal täglich. Die Körperpflege strengt die Kundin am meisten an; je nach Tagesverfassung wird sie sitzend beim Waschbecken gewaschen oder am Duschsessel geduscht. Frau S. kann dabei geringfügig mithelfen. Sie ist schon mehrmals im Badezimmer ausgerutscht, die Sturzangst ist deshalb enorm. Die Seniorin bezieht Essen auf Rädern, bei der Bestellung ist die Heimhilfe behilflich.

Frau S. leidet sehr unter der Isolation; die Wohnung hat sie seit drei Jahren nicht mehr verlassen. Ihre Bekannten und Freund*innen sind entweder schon verstorben oder selbst in beträchtlichem Alter, sodass sie kaum zu Besuch kommen können. Ihr Ehemann ist vor 26 Jahren verstorben, mit ihm verreiste sie sehr oft. Die Kundin spricht Sie während der Einsätze immer wieder darauf an, wie furchtbar die Einsamkeit ist.

Aufgabe 1:
Welche Probleme können Isolation und Einsamkeit mit sich bringen? Wie können Sie diesen Problemen begegnen?

Aufgabe 2:

Erläutern Sie die Grundlagen der Sturzprophylaxe ausführlich. Welche Personengruppen sind besonders gefährdet? Wie können Sie der Sturzangst von Frau S. entgegenwirken?

Aufgabe 3:

Beschreiben Sie, welche Materialien bzw. Produkte prinzipiell bei Stuhl- und Harninkontinenz eingesetzt werden können. Erläutern Sie anschließend den Vorgang der Beschaffung von Inkontinenzprodukten im Bereich der Hauskrankenpflege.

13.15 Inkontinenz – Intimtoilette

Herr Z., 82 Jahre, wohnt seit vier Jahren im Seniorenwohnhaus in einem Einzelappartement. Der Bewohner betont immer wieder, wie sehr es ihm im Haus gefällt und dass die Gesellschaft der anderen Bewohner*innen sehr wohltuend sei. Herr Z. hat keine Familie, in seiner aktiven Zeit arbeitete er als Koch in diversen Haubenlokalen in Europa.

Der Bewohner leidet an einer beginnenden Herzinsuffizienz und an Hypertonie, sonst fühlt er sich fit und gesund. Diverse Vorsorgeuntersuchungen werden vom Bewohner abgelehnt.

Seit geraumer Zeit klagt Herr Z. darüber, dass er nachts oftmals intensiven Harndrang verspürt und er dann die Toilette aufsuchen muss. Die Harnmenge ist dann aber nur sehr gering, nach ein bis zwei Stunden verspürt der Bewohner wieder intensiven Harndrang. Fallweise ist der Harndrang im Liegen so intensiv, dass er einige Tröpfchen Harn verliert. Dieser Umstand ist ihm sehr peinlich. Tagsüber leidet Herr Z. nicht unter diesen Beschwerden.

Das Pflegepersonal beobachtet seit einigen Wochen, dass Herr Z. die Körperpflege nicht mehr zur Gänze selbstständig durchführen kann. Speziell die Intimtoilette fällt ihm sehr schwer.

Aufgabe 1:
Beschreiben Sie wesentliche Formen der Harninkontinenz. Welche Form der Inkontinenz trifft mit hoher Wahrscheinlichkeit auf Herrn Z. zu? Was können Sie Herrn Z. anraten?

Aufgabe 2:
Erläutern Sie die genaue Vorgehensweise bei der Intimtoilette des Mannes. Welche Probleme können bei mangelhafter Intimtoilette auftreten?

Aufgabe 3:
Welche weiteren Probleme und Ressourcen können Sie erkennen?

13.16 Salmonelleninfektion – Diarrhö

Frau O., 91 Jahre, wohnt seit vier Wochen in einem Seniorenwohnhaus auf der Pflegestation. Sie leidet seit Jahrzehnten an einer schweren Gehbehinderung, Ursache ist eine lange zurückliegende Verletzung aus dem Krieg. Anlass der Übersiedelung war ein Sturz in der Wohnung, von dem sich die Bewohnerin nicht mehr erholte. Die zunehmende körperliche Schwäche und die Unsicherheiten im Umgang mit dem Rollator beeinflussen das Tagesgeschehen. Frau O. ist sehr gut orientiert, sie berichtet immer wieder freudestrahlend, wie stolz sie auf ihr Alter und ihre Selbstständigkeit ist. Die Bewohnerin gibt bei der Pflegevisite an, dass sie auf keinen Fall im Bett gewaschen werden möchte. Das erinnere sie an ihre damals bettlägerige Mutter; diese Erinnerung schmerzt sie bis heute.

Seit einigen Tagen leiden einige Bewohner*innen an starkem Durchfall. Es besteht der Verdacht einer Salmonelleninfektion. Frau O. ist deshalb sehr beunruhigt und verlässt ihr Zimmer nicht mehr. Bei der Morgenvisite fragt Frau O., ob sie infektiös ist.

Aufgabe 1:
Erläutern Sie die Übertragungswege von Salmonellen im Detail. Wie äußert sich das Krankheitsbild einer Salmonelleninfektion? Welche Hygienemaßnahmen müssen getroffen werden?

Aufgabe 2:
Erläutern Sie die wesentlichen pflegerischen Maßnahmen, wenn Sie Patient*innen mit Diarrhö pflegen.

Aufgabe 3:
Welche weiteren Ressourcen und Probleme können Sie erkennen?

13.17 Obstipation – Antikoagulantien

Frau S., 88 Jahre, wurde vor 8 Wochen in eine Langzeitpflegeeinrichtung aufgenommen. Sie hat sich sehr schnell eingelebt und rasch Kontakte zu den Mitbewohner*innen geknüpft. Die Bewohnerin nimmt seit Jahren Antikoagulantien ein, da sie vor Jahren einen Insult erlitt. Seitdem leidet sie an einer leichten Schwäche der linken Körperhälfte. Fr. S. ist noch mobil, sie kann mit dem Rollator langsam durch die Station gehen, dabei stürzte sie schon mehrmals. Ernsthafte Verletzungen erlitt sie dabei keine.

Bei der morgendlichen Visite wurde Frau S. vom Stationsarzt vorgeschlagen, dass sie einen Rollator mit Bremse bekommen soll. Frau S. war darüber gar nicht begeistert. Sie sagte, das müsse sie mit ihrer Tochter, die jeden Sonntag zu Besuch kommt, besprechen. Frau S. gibt dann noch an, dass sie mit dem Rollator ohne Bremse sehr gut zurechtkommt und eigentlich sonst keine Hilfe benötigt.

Zusätzlich leidet Frau S. an einer chronischen Obstipation. Die ernährungsmedizinische Beratung lehnt Frau S. ab, sie möchte kein frisches Obst und Gemüse essen. Davon bekommt sie Bauchschmerzen.

Abends liegt Frau S. lange wach im Bett und klagt über ihre Sorgen. Seit sie hier im Haus ist, ist sie nur mit Veränderungen konfrontiert.

Aufgabe 1:
Welchen Gefahren ist Frau S. ausgesetzt, wenn sie den Rollator ohne Bremse benützt? Welchen Sinn hat der Wechsel des Rollators? Begründen Sie Ihre Ausführungen!

Aufgabe 2:
Beschreiben Sie die Medikamentengruppe der Antikoagulantien.

Aufgabe 3:
Welche weiteren Probleme und Ressourcen können Sie in diesem Fallbeispiel erkennen und welche pflegerischen Maßnahmen können Sie ableiten?

14 Medizinische Diagnostik und Therapie in der Akut- und Langzeitversorgung einschließlich medizinischer Pflegetechnik

14.1 Hyperglykämie – Depression

Herr K., 44 Jahre, lebt alleine in einer gemütlichen Zweizimmerwohnung in Grünruhelage am Stadtrand. Vor neun Monaten erkrankte er an einem Pankreaskarzinom; er wird regelmäßig stationär zur Chemotherapie aufgenommen.

Der Klient hat immer wieder Probleme mit der Mundschleimhaut, speziell nach der Chemotherapie. Es sind regelmäßig schmerzhafte Rötungen und Schleimhautdefekte zu beobachten. Herr K. ist zumeist hyperton, das beeinträchtigt seinen Alltag maßgeblich. Der Blutzucker ist seit drei Tagen instabil, Hyperglykämien sind an der Tagesordnung. Der Kunde wird in der Früh bei der speziellen Mundpflege und der Blutzuckerkontrolle täglich durch Pflegekräfte unterstützt.

Herr K. ist oftmals depressiv verstimmt. Dabei erzählt er Ihnen wiederholt, dass er aufgrund seiner Krankheit keine neue Partnerschaft eingehen kann. Die Krankheit schränke ihn außerdem in seinem sozialen Leben enorm ein.

Aufgabe 1:
Beschreiben Sie die Gefahren der Hyperglykämie. Welche Pflegemaßnahmen können allgemein abgeleitet werden? Welche Maßnahmen setzen Sie im Rahmen der Ersten Hilfe bei Hyperglykämie?

Aufgabe 2:
Welche pflegerelevanten Ressourcen und Probleme erkennen Sie? Welche Maßnahmen können Sie in die Wege leiten? Begründen Sie Ihre Entscheidungen.

Aufgabe 3:
Beschreiben Sie Vorbereitung, Durchführung und Nachbereitung der speziellen Mundpflege. Begründen Sie die einzelnen Schritte.

14.2 Kopfschmerzen – Körperpflege

Frau S., 86 Jahre, wohnt seit vier Jahren im Pflegewohnhaus auf der Bettenstation. Sie ist vor ihrem Umzug hierher daheim sehr schwer gestürzt und erlitt mehrere komplizierte Knochenbrüche am linken Oberarm, am linken Schulterblatt und am linken Ellenbogen. Darüber hinaus leidet sie seit Jahren an schwerer Osteoporose und Vergesslichkeit.

Heute Morgen pflegen Sie Frau S. Bei der morgendlichen Begrüßung gibt sie an, dass sie sich sehr krank fühlt, stark schwitzt und kaum geschlafen hat. Dann berichtet sie, dass sie starke Kopfschmerzen hat und ihre Schläfen regelrecht hämmern. Frau S. bittet Sie weiters, keinen Arzt zu holen. Sie meint, dass die Kopfschmerzen wieder vergehen würden. Schließlich kommt heute Nachmittag ihre Tochter mit dem heißgeliebten Hund zu Besuch, darauf freut sie sich schon die ganze Woche.

Auf die Körperpflege möchte Frau S. auch nicht verzichten, weil sie für ihre Tochter gerne schön sein möchte. Danach sagt sie: „Im Krieg mussten wir viel mehr aushalten, da muss man halt die Zähne zusammenbeißen!"

Aufgabe 1:
Welche möglichen Maßnahmen werden Sie andenken? Skizzieren Sie kurz die Planung des Gespräches mit Frau S. Begründen Sie Ihre Entscheidung(en) ausführlich.

Aufgabe 2:
Beschreiben Sie Schritt für Schritt die Technik der Blutdruckmessung.

Aufgabe 3:
Erläutern Sie das Krankheitsbild „Osteoporose" und leiten Sie wesentliche pflegerische Maßnahmen ab.

14.3 Depression – Suizidalität im Alter – Diabetes mellitus Typ II

Herr S., 82 Jahre, wohnt mit seinem Lebensgefährten, Herrn F., 80 Jahre, seit 32 Jahren im gemeinsamen Haushalt. Herr S. hat zwei erwachsene Kinder aus einer früheren Beziehung.

Der Kunde leidet an ausgeprägtem Diabetes mellitus Typ II, Folgeschäden wie Polyneuropathie und Sehstörungen wurden ebenfalls diagnostiziert. Seit sechs Monaten ist Herr S. insulinpflichtig, die Pflegeassistentin misst morgens täglich den Blutzucker und spritzt Insulin s.c. lt. ärztlicher Verordnung. Die weitere Versorgung/Unterstützung übernimmt Herr F.

Der Lebensgefährte ist im Prinzip gesund, leichtes Zittern macht es ihm jedoch unmöglich, das Insulin exakt aufzuziehen. Herr F. hat auch Hemmungen, seinem Lebensgefährten die Injektion zu verabreichen.

Seit zwei Wochen fällt den Pflegeassistent*innen während der Einsätze auf, dass Herr S. immer mehr in sich gekehrt ist; dabei vernachlässigt er auch seine Körperpflege. Herr F. berichtet, dass es für ihn immer schwieriger werde, Zugang zu seinem Partner zu finden. Das ablehnende Verhalten und die Vernachlässigung der Selbstpflege belasten Herrn F. sehr. Der Lebensgefährte berichtet auch, dass Herr S. in den letzten Tagen abends mehrmals leicht alkoholisiert gewesen sei und dabei über den Sinn des Lebens philosophiert habe.

Die beiden Kinder sind laut Auskunft der beiden Betroffenen keine Unterstützung. Sie verweigern seit Jahren den Kontakt; es fällt ihnen schwer, sich mit der Homosexualität des Paares abzufinden.

Aufgabe 1:
Wodurch grenzt sich Demenz von einer Depression ab? Beschreiben Sie das Krankheitsbild der Depression im Allgemeinen und leiten Sie wesentliche pflegerische Maßnahmen ab.

Aufgabe 2:
Welchen Stellenwert hat Suizidalität im Alter? Ist Herr S. gefährdet?

Aufgabe 3:
Beschreiben Sie wesentliche Folgeschäden des Diabetes mellitus Typ II.

14.4 Präoperative Vorbereitung – Diabetes mellitus – Hypertonie

Frau S., 59 Jahre, wurde heute Nachmittag aufgrund von massiven Schmerzen im rechten Oberbauch auf die chirurgische Abteilung aufgenommen. Diverse Untersuchungen haben ergeben, dass sie an Cholelithiasis und an einer akuten Gallenkolik leidet. Die operative Entfernung der Gallenblase ist für den nächsten Morgen vorgesehen. Darauf muss Frau S. vorbereitet werden.

Bei der Patientin wurde vor vier Jahren Diabetes mellitus Typ II diagnostiziert. Es fällt ihr im Alltag sehr schwer, wichtige Empfehlungen bezüglich Ernährung und Bewegung einzuhalten. Blutzuckerschwankungen sind deshalb an der Tagesordnung. Weitere Voruntersuchungen haben ergeben, dass auch Hyperlipidämie und Triglyzeridämie vorliegen. Ebenso wurde eine arterielle Hypertonie diagnostiziert.

Nach der ärztlichen Visite ist Frau S. klar geworden, dass sie an ihrer Lebensführung einiges ändern muss.

Aufgabe 1:
Welche pflegerischen Maßnahmen sind im Rahmen der präoperativen Vorbereitung von Frau S. wichtig? Welche besonderen Risikofaktoren liegen bei ihr vor?

Aufgabe 2:
Beschreiben Sie die Technik der Blutdruckmessung mittels manueller Messung und gehen Sie anschließend auf mögliche Fehlerquellen ein.

Aufgabe 3:
Erklären Sie die Vorgehensweise bei der Blutzuckermessung und beschreiben Sie anschließend, welche Maßnahmen Sie bei Hypoglykämie setzen. Begründen Sie die einzelnen Schritte.

14.5 Laryngektomie – Vitalzeichen – Nikotinabusus

Herr F., 44 Jahre, wurde vor zwei Tagen auf der Hals-Nasen-Ohren-Abteilung des Akutkrankenhauses aufgenommen. Bei dem Patienten ist in den nächsten Tagen eine totale Laryngektomie geplant, einige Voruntersuchungen sind noch ausständig. Es fällt ihm sehr schwer, die Diagnose Larynxkarzinom anzunehmen.

Herr F. ist seit seiner Jugend Raucher. In den vergangenen Jahren konsumierte er bis zu 60 Zigaretten pro Tag. Ebenso kämpfte er mehrere Jahre mit Alkoholproblemen, nach dem dritten Entzug ist Herr F. bis heute trocken geblieben.

Der Patient macht sich große Sorgen, wie sich sein Leben nach der Operation verändern wird. Es ist für ihn unvorstellbar, nicht mehr ohne Schwierigkeiten sprechen zu können. Bei der Morgenvisite fragt Herr F. nach, mit welchen weiteren Veränderungen er in seinem Leben rechnen müsse.

Aufgabe 1:
Herr F. wird postoperativ von der Überwachungsstation auf die Bettenstation zurückgebracht. Erläutern Sie die Vorgehensweise im Rahmen der Überwachung der Vitalparameter.

Aufgabe 2:
Beschreiben Sie den Mechanismus der Suchtkrankheit am Beispiel Nikotinabusus.

Aufgabe 3:
Auf welche bleibenden Veränderungen muss sich Herr F. postoperativ einstellen? Wie können Sie Herrn F. dabei unterstützen?

14.6 Operationsrisiken – Colostomiepflege – Hämoccult-Test

Frau U., 62 Jahre, wurde vor zwei Tagen auf der chirurgischen Station aufgenommen. Bei einer Vorsorgeuntersuchung wurde Blut im Stuhl festgestellt; weitere Untersuchungen ergaben die Diagnose Sigmakarzinom. Die Patientin wurde vom behandelnden Arzt darüber informiert, dass eine Operation und eine nachfolgende Chemotherapie unumgänglich sind. Über diese Tatsachen war Frau U. sehr bestürzt.

Bei der Morgenvisite wurde die Patientin darüber informiert, dass in fünf Tagen die Operation stattfindet und eine bleibende Colostomie angelegt wird.

Frau U. lebt seit Jahren alleine in einer kleinen Gemeindewohnung. Ihre Tochter, 38 Jahre, lebt aus beruflichen Gründen in der Schweiz. Die Patientin hat große Bedenken, ob sie den Belastungen alleine gewachsen ist. Ihre Tochter hat ihre Unterstützung zugesagt, soweit es ihr zeitlich möglich ist.

Die Patientin leidet seit Jahren an arterieller Hypertonie und Varizen. Frau U. hat bei den Visiten mehrmals nachgefragt, ob dieser Umstand ein Operationsrisiko sei.

Aufgabe 1:
Welche möglichen Auswirkungen können die arterielle Hypertonie und die Varizen prä-, peri- und postoperativ haben? Welche Maßnahmen können getroffen werden?

Aufgabe 2:
Erläutern Sie wesentliche Grundsätze im Rahmen der Colostomiepflege.

Aufgabe 3:
Beschreiben Sie die Durchführung eines Point-of-Care-Tests am Beispiel Hämoccult-Test.

14.7 Venöse Insuffizienz – Verbandwechsel – Thromboseprophylaxe

Herr S., 82 Jahre, lebt seit einem Jahr im Seniorenwohnhaus auf der Bettenstation. Er bewohnt ein Zweibettzimmer; die Eingewöhnung ist ihm sehr leicht gefallen. In seiner aktiven Zeit war er sehr gesellig und arbeitete mit Begeisterung jahrzehntelang als Reiseleiter. Herr S. war nie verheiratet und hat auch keine Kinder.

Der Bewohner leidet an schwerer venöser Insuffizienz, mehrere Venenoperationen hat er bereits erfolgreich hinter sich gebracht. Derzeit besteht ein Ulcus cruris von etwa 2 x 2 cm Größe im rechten Außenknöchelbereich. Zusätzlich leidet Herr S. an einer fortgeschrittenen Rechtsherzinsuffizienz; diese verstärkt die venöse Stauungsproblematik.

Herr S. benötigt täglich Hilfe bei der Körperpflege. Aufgrund der starken Schmerzen und des Verbandes am rechten Bein kann er nicht mehr duschen. Die Wunde nässt sehr stark, deshalb ist ein täglicher Verbandwechsel notwendig.

Der Bewohner bewegt sich aufgrund der Schmerzen sehr wenig, zumeist sitzt er beim Tisch im Lehnsessel und spielt mit seinem Mitbewohner Karten oder löst Kreuzworträtsel. Die pflegeverantwortlichen Personen und der behandelnde Arzt klären Herrn S. bei der Visite darüber auf, dass ein erhebliches Thromboserisiko besteht. Auch über die Folgen einer Thrombose wird er genau informiert; darüber ist der Bewohner sehr bestürzt.

Aufgabe 1:
Beschreiben Sie das Krankheitsbild „venöse Insuffizienz" und leiten Sie anschließend wesentliche Pflegemaßnahmen ab.

Aufgabe 2:
Erläutern Sie die Grundprinzipien des sterilen Verbandwechsels und erklären Sie anschließend die einzelnen Schritte der Durchführung.

Aufgabe 3:
Erörtern Sie häufig auftretende Folgeerkrankungen, die eine bestehende tiefe Beinvenenthrombose mit sich bringen kann. Leiten Sie anschließend wesentliche pflegerische Maßnahmen ab.

14.8 Urämie – Verbandwechsel – Patienteninformation

Frau U., 41 Jahre, befindet sich seit drei Tagen auf der nephrologischen Abteilung des Akutkrankenhauses. Sie erkrankte vor Jahren an einer chronischen Niereninsuffizienz, Auslöser dafür war eine chronische Glomerulonephritis. Derzeit klagt Frau U. über massive Ödeme, Hypertonie und Übelkeit. Über einen venösen Zugang werden ihr deshalb entwässernde und blutdrucksenkende Medikamente verabreicht.

Die Patientin wurde bei der ärztlichen Visite darüber aufgeklärt, dass eine Urämie bevorstehe und die Dialyse nicht abzuwenden sei. Diese Nachricht versetzte die Patientin in Angst und Schrecken, sie erkundigte sich sofort nach Alternativen.

Frau U. wohnt mit ihrem Ehemann in einem Einfamilienhaus am Stadtrand. Die Grünruhelage ist ihr sehr wichtig. Das Paar ist in seiner Freizeit sehr reiselustig, in jedem Urlaub zieht es die beiden ans Meer. Auch an den Wochenenden verreist das Ehepaar sehr gerne, bevorzugt werden dabei Wellnesshotels. Frau U. arbeitet 40 Wochenstunden in einem Büro, der Job bereitet ihr große Freude und bedeutet Erfüllung für sie.

Frau U. kann sich noch selbst pflegen; ihr Ehemann unterstützt sie bei diversen Besorgungen und Erledigungen. Während Sie das Bett machen, fragt die Patientin Sie, mit welchen Veränderungen sie in ihrem Leben rechnen muss, wenn sie Dialysepatientin ist.

Aufgabe 1:

Erklären Sie Schritt für Schritt den Verbandwechsel bei liegender Venenverweilkanüle. Begründen Sie die einzelnen Schritte.

Aufgabe 2:

Erläutern Sie das Krankheitsbild Urämie und leiten Sie wesentliche Beobachtungskriterien sowie mögliche Pflegemaßnahmen ab.

Aufgabe 3:

Welche Informationen in Bezug auf die Lebensführung sind für Frau U. wesentlich? Welche Auswirkungen hat der Fortschritt der Erkrankung auf ihr Beschäftigungs- und Freizeitverhalten?

14.9 Morbus Crohn – Harnwegsinfekt – Harnstreifentest

Frau M., 76 Jahre, wohnt seit sechs Monaten in einem Einbettzimmer auf der Bettenstation des Seniorenwohnhauses. Der Bewohnerin ist es krankheitsbedingt sehr wichtig, alleine zu wohnen. Sie erkrankte vor Jahren an Morbus Crohn; der letzte Krankheitsschub liegt zwei Jahre zurück. In den vergangenen Monaten zeigten sich wieder vermehrt Krankheitssymptome. Dies war der Anlass für den regelmäßigen Gebrauch von Inkontinenzmaterialien. Frau M. leidet unter diesem Umstand sehr, auch den Stuhlgeruch findet sie sehr unangenehm.

Die Bewohnerin fühlt sich derzeit sehr schwach. Neben den chronischen Durchfällen ist auch ein Harnwegsinfekt aufgetreten. Die antibiotische Behandlung wirkt sich jedoch negativ auf die Durchfälle aus; derzeit muss Flüssigkeit intravenös substituiert werden.

Frau M. wird bei der täglichen Körperpflege beim Waschbecken sitzend unterstützt. Derzeit traut sie sich die tägliche Dusche nicht zu. Sämtliche Mobilisationsschritte sind für sie ebenfalls eine Belastung, und aufgrund von massiven Kreislaufproblemen möchte sie lieber im Bett bleiben. Die Patientin macht sich große Sorgen über ihren gesundheitlichen Zustand; ihre größte Angst ist es, bettlägerig zu werden.

Aufgabe 1:
Erläutern Sie das Krankheitsbild Morbus Crohn und leiten Sie anschließend wesentliche Pflegemaßnahmen ab.

Aufgabe 2:
Welche pflegerischen und hygienischen Maßnahmen sind bei rezidivierenden Harnwegsinfekten zu treffen? Durch welche prophylaktischen Maßnahmen können Harnwegsinfekte vermieden werden?

Aufgabe 3:
Beschreiben Sie die Durchführung eines Harnstreifentests auf Nitrite. Begründen Sie die von Ihnen gesetzten Schritte.

14.10 Akute Bronchitis – Sauerstoffgabe – Absaugen der oberen Atemwege

Frau L., 77 Jahre, wurde vor sieben Tagen vom Seniorenwohnhaus auf die pulmologische Abteilung des Akutkrankenhauses transferiert. Sie leidet seit Jahren an chronischer Bronchitis; derzeit zeigt sich verstärkter Husten mit erhöhter Schleimbildung. Die Patientin ist nicht in der Lage, den zähen Schleim aus eigener Kraft auszuhusten; sie klagt auch, sie habe das Gefühl, nicht ausreichend Luft zu bekommen. Mittels Pulsoxymetrie konnte dieses Gefühl auch bestätigt werden – die Sauerstoffkonzentration befindet sich bereits im pathologischen Bereich. Seit drei Tagen bekommt die Patientin Sauerstoff per Sauerstoffbrille verabreicht; derzeit sind zwei Liter pro Minute über einen genau definierten Zeitplan angeordnet. Die Sauerstoffkonzentration wird mittels Pulsoxymetrie laufend durch das Pflegepersonal beobachtet. Zähe Schleimansammlungen in den oberen Atemwegen werden vorübergehend vom Pflegepersonal abgesaugt.

Aufgrund der allgemeinen Schwäche erfolgt bis auf Weiteres die Körperpflege im Querbett sitzend unter Hilfestellung einer Pflegeperson. Tagsüber erfolgt eine passive Mobilisierung in den Lehnsessel. Bei körperlicher Belastung zeigen sich sofort zyanotische Lippen und Kreislaufprobleme.

Frau L. macht sich große Sorgen um ihren Gesundheitszustand. Eigentlich wollte sie von der Bettenstation in den Appartementbereich übersiedeln. Dieses Ziel rückt aus ihrer Sicht nun in weite Ferne.

Aufgabe 1:
Erläutern Sie das Krankheitsbild „chronische Bronchitis". Grenzen Sie anschließend die akute von der chronischen Bronchitis ab.

Aufgabe 2:
Beschreiben Sie die genaue Vorgehensweise, wenn Sie Frau L. Sauerstoff per Sauerstoffbrille verabreichen. Welche Richtlinien sind allgemein im Umgang mit Sauerstoff einzuhalten?

Aufgabe 3:
Erklären Sie den Vorgang des Absaugens der oberen Atemwege. Welche hygienischen Richtlinien sind dabei unbedingt einzuhalten?

14.11 Zerebraler Insult – PEG-Sonde – Blutdruckmessung

Herr K., 68 Jahre, wurde vor neun Tagen auf der neurologischen Abteilung des Akutkrankenhauses aufgenommen. Der Patient hatte daheim einen zerebralen Insult erlitten; sein Sohn war zufällig zu Besuch gewesen und hatte sofort die Rettung verständigt. Im Rahmen der Anamnese berichtete Herr K., dass er Wochen davor mehrmals sogenannte Blackouts gehabt hatte. Dabei hatte er das Gefühl gehabt, dass kurzfristig der Kreislauf abgesackt wäre; anschließend habe er Kopfschmerzen gehabt. Herr K. und sein Sohn hatten die Situation damals als nicht gefährlich eingeschätzt.

Der Patient weist typische Symptome wie Aphasie, Apraxie, linksseitige Hemiplegie, Störungen der Aufmerksamkeit und eine Schluckstörung auf. Aus medizinischen Gründen wurde eine PEG-Sonde gelegt, an die Herr K. sich nur sehr schwer gewöhnen kann. Am meisten macht ihm der fehlende Genuss zu schaffen; er war bis zum Ausbruch seiner Krankheit ein regelrechter Genießer.

Herr K. ist seit dem zerebralen Insult stuhl- und harninkontinent; beim Schutzhosenwechsel zeigt er viel Compliance.

Der Patient macht sich große Sorgen; die Übersiedlung in die Langzeitpflege kommt für ihn auf keinen Fall infrage. Sein Sohn macht sich seit Tagen große Vorwürfe, weil er die Blackouts falsch interpretiert hat.

Aufgabe 1:
Beschreiben Sie ausführlich das Krankheitsbild „zerebraler Insult". Erläutern Sie anschließend, wie Sie im Notfall Erste Hilfe leisten können.

Aufgabe 2:
Erklären Sie die Versorgung der PEG-Sonde und gehen Sie anschließend auf wesentliche hygienische Richtlinien ein.

Aufgabe 3:
Beschreiben Sie die Technik der Blutdruckmessung mittels manueller Messung und mittels automatischem Blutdruckgerät.

14.12 Querschnittlähmung – suprapubischer Dauerkatheter – Blutabnahme aus der Vene

Herr V., 31 Jahre, wurde vor drei Monaten vom Unfallkrankenhaus in die Rehabilitationseinrichtung transferiert. Vor sieben Monaten hatte er einen schweren Autounfall und dabei eine komplette Querschnittlähmung in Höhe Th 3 sowie mehrere Frakturen beider Arme erlitten. Die Frakturen sind bereits gut ausgeheilt.

Herr V. ist regelrecht aus seinem Leben gerissen worden. Einige Monate vor dem Unfall hatte er seine eigene Tischlerei gegründet. Auch die Hochzeit mit seiner langjährigen Lebensgefährtin, Frau B., war bereits geplant. Frau B. kommt mehrmals wöchentlich zu Besuch, um ihren Lebensgefährten so gut wie möglich zu unterstützen. Es ist für sie immer noch unbegreiflich, was geschehen ist.

Der Patient hat in den vergangenen Wochen gelernt, bei diversen Transfers mitzuhelfen; dabei haben sich große Fortschritte gezeigt. Der Positionswechsel im Bett kann bereits selbstständig durchgeführt werden; das motiviert Herrn V. sehr. Größere Probleme bereitet ihm die Akzeptanz des suprapubischen Dauerkatheters. Es ist ihm nicht möglich, die Beutelentleerung sowie die Versorgung der Einstichstelle selbst durchzuführen. Herr V. möchte, dass seine spastische Blase mittels anderer Methoden versorgt wird.

In den kommenden Tagen sind einige Routineuntersuchungen wie CT, Blutabnahme und EKG vorgesehen.

Aufgabe 1:
Beschreiben Sie die Ursachen, Symptome und Behandlungsmöglichkeiten der kompletten Querschnittlähmung. Nehmen Sie anschließend eine Abgrenzung zur inkompletten Querschnittlähmung vor.

Aufgabe 2:
Erläutern Sie Schritt für Schritt die Versorgung des suprapubischen Dauerkatheters. Gehen Sie anschließend auf hygienische Grundprinzipien ein und begründen Sie diese.

Aufgabe 3:
Erklären Sie die einzelnen Schritte der Blutabnahme aus der Vene. Begründen Sie Ihre Vorgehensweise.

14.13 Epilepsie – Dauerkatheter – Subcutaninjektion

Herr F., 81 Jahre, wohnt seit fünf Monaten auf der Bettenstation des Seniorenwohnhauses. Er ist aufgrund einer massiven Hirnblutung, welche rechtzeitig erfolgreich operiert werden konnte, bettlägerig. Immer wieder leidet er unter epileptischen Anfällen, Kopfschmerzen und Hypotonie.

Bei der Transferierung auf die Bettenstation hatte der Bewohner sakral einen Dekubitus dritten Grades, die Wunde ist bis dato nahezu abgeheilt. Er trägt einen Dauerkatheter, der in Kürze entfernt werden soll.

Herr F. ist in seiner örtlichen und zeitlichen Orientierung deutlich eingeschränkt; im Alltag benötigt er regelmäßig Orientierungshilfen. Gedankenabreißen und Konzentrationsstörungen können im Alltag ebenfalls beobachtet werden. Sämtliche pflegerischen Handlungen werden durch das Pflegepersonal durchgeführt; Herr F. kann je nach Tagesverfassung geringfügig dabei mithelfen. Er bekommt täglich Heparin s.c. durch das Pflegepersonal verabreicht. Sein Ziel ist es, die Injektionstechnik selbst durchführen zu können.

Der Bewohner bekommt mehrmals pro Woche Besuch von seiner Ehefrau. Sie kann sich mit der Gesamtsituation nur sehr schwer abfinden und überlegt, ob eine häusliche Versorgung für ihren Mann möglich wäre.

Aufgabe 1:
Erläutern Sie wesentliche Ursachen und Symptome der Epilepsie und gehen Sie dann auf die Behandlung ein.

Aufgabe 2:
Erklären Sie die pflegerische Versorgung des Dauerkatheters. Gehen Sie anschließend auf die hygienischen Grundprinzipien ein und begründen Sie diese.

Aufgabe 3:
Beschreiben Sie die Technik der Subcutaninjektion. Gehen Sie dabei Schritt für Schritt vor.

14.14 Verbandwechsel bei Wundinfektion – akute Verwirrtheit – Harnstreifentest

Frau U., 57 Jahre, wurde vor neun Tagen auf der chirurgischen Station des Akutkrankenhauses aufgenommen. Die Patientin hatte seit Jahren Probleme mit bestehenden Gallensteinen; diese wurden vor acht Tagen operativ entfernt. Postoperativ kam es jedoch zu Problemen: Frau U. hatte eine hypertone Krise, akute Verwirrtheit und Herzrhythmusprobleme. Am dritten postoperativen Tag nässte eine Nahtstelle verstärkt, die Umgebung zeigte klassische Entzündungszeichen. Der Wundabstrich ergab, dass eine Besiedlung durch Staphylococcus aureus bestand.

Die Patientin leidet außerdem an Adipositas per magna und Diabetes mellitus Typ II. Der HbA1c-Wert ist deutlich über der Norm, der Harnstreifentest zeigt Glukose im Harn.

Frau U. ist über ihren Gesundheitszustand sehr besorgt. Sie möchte jedoch unbedingt entlassen werden. Sie meint, daheim heile alles sicher rascher aus. Ihr Ehemann gibt jedoch an, dass er sich den Verbandwechsel nicht zutraue; er habe Angst, etwas falsch zu machen.

Aufgabe 1:
Erörtern Sie den Vorgang des Verbandwechsels bei Frau U. und erläutern Sie anschließend die klassischen Entzündungszeichen.

Aufgabe 2:
Beschreiben Sie wesentliche Ursachen und Symptome der akuten Verwirrtheit und gehen Sie anschließend auf die Therapie ein.

Aufgabe 3:
Wie führen Sie den Harnstreifentest korrekt durch? Welche Parameter können mittels Harnstreifentest bestimmt werden?

14.15 Demenz – Erste Hilfe – PEG-Sonde

Frau A., 86 Jahre alt, lebt alleine in einem Einfamilienhaus mit Garten. Seit etwa drei Jahren wird Frau A. zweimal wöchentlich für eine Stunde von Pflegeassistent*innen beim Duschen in der Badewanne unterstützt.

Bei Frau A. wurde vor drei Wochen im Rahmen einer neurologischen Untersuchung der Verdacht einer beginnenden Demenz festgestellt. Die Kundin kommt sehr gut in ihrer gewohnten Umgebung zurecht. Frau A. kann die Haustüre selbst öffnen, zu ihrer eigenen Sicherheit hat sie einen Schlüsselsafe und ein Notruftelefon.

Am Dienstag läutet die Pflegeassistentin wie gewohnt bei Frau A. an, doch die Kundin öffnet die Haustüre nicht. Die Pflegeassistentin betritt mittels Schlüssel aus dem Schlüsselsafe die Wohnung und findet die Klientin im Bett liegend vor.

Dabei macht die Pflegeassistentin folgende Beobachtungen:
- die Sprache ist verwaschen,
- hängender Mundwinkel links,
- Speichel fließt aus dem linken Mundwinkel,
- Frau A. kann nach Aufforderung den linken Arm nicht heben,
- Frau A. kann nach Aufforderung nicht selbst vom Bett aufstehen,
- Frau A. hat eingenässt,
- allgemein wirkt Frau A. desorientiert.

Die Pflegeassistentin leistet Erste Hilfe und verständigt sofort die Rettung. Frau A. möchte gerne daheimbleiben, da sie auch noch einen Hund zu versorgen hat. Sie bittet die Pflegeassistentin mehrmals darum, ihren Wunsch zu berücksichtigen.

Frau A. wird im Akutkrankenhaus aufgenommen, im Laufe des ersten Tages bekommt sie eine PEG-Sonde gesetzt. Darüber ist Frau A. sehr unglücklich. Sie beginnt verzweifelt, ständig nach ihrem Hund zu fragen, das fällt ihr aufgrund der verwaschenen Sprache sehr schwer. Ihre Angst steigert sich und sie beginnt, laut zu weinen und zu rufen, ihre Panik ist eindeutig. Frau A. möchte nur nach Hause zu ihrem Hund.

Aufgabe 1:
Beschreiben Sie wesentliche pflegerische Interventionen bei Menschen mit Demenz, die Angst haben.

Aufgabe 2:
Erörtern Sie, wie Sie bei Frau A. Erste Hilfe leisten würden.

Aufgabe 3:
Erläutern Sie die grundsätzliche pflegerische Versorgung der PEG-Sonde und gehen Sie anschließend darauf ein, welche Punkte Sie im Besonderem bei Frau A. beachten werden.

14.16 Schmerz in der terminalen Phase – Prophylaxen – Patientenverfügung

Frau Z., 73 Jahre alt, leidet seit Jahren an einer COPD. Sie befindet sich im terminalen Stadium ihrer Erkrankung. Deshalb wurde sie auf einer Palliativstation aufgenommen.

Frau Z. ist sediert und bekommt rund um die Uhr Sauerstoff per Sauerstoffbrille verabreicht. Die Flüssigkeit wird per Infusion verabreicht, auch die Medikamente werden parenteral verabreicht. Die Körperpflege sowie der regelmäßige Schutzhosenwechsel erfolgen durch Pflegeassistent*innen.

Frau Z. hat vor neun Monaten eine Patientenverfügung veranlasst, die ihre persönlichen Vorstellungen festlegt. Die Patientin hat sich aufgrund ihrer unheilbaren Erkrankung in den letzten Jahren aktiv mit dem Sterbeprozess auseinandergesetzt. Auch ihr Ehemann war chronisch krank, er verstarb vor drei Jahren. Dieses Ereignis hat Frau Z. sehr geprägt.

Die Angehörigen kommen regelmäßig zu Besuch, sie leiden sehr unter dieser Situation. Die beiden Söhne wollen wissen, ob die Mutter unter Schmerzen leidet. Die DGKP versichert ihnen, dass Frau Z. schmerzfrei ist. Das Pflegepersonal ermöglicht es den Angehörigen, von der Mutter Abschied zu nehmen.

Aufgabe 1:
Nennen Sie die Hauptaufgaben von Pflegepersonen im Umgang mit Schmerz. Welche Beobachtungskriterien lassen darauf schließen, dass Frau Z. keine Schmerzen hat?

Aufgabe 2:
Welche Prophylaxen sind bei Frau Z. von besonderer Bedeutung? Begründen Sie Ihre Entscheidung.

Aufgabe 3:
Was muss bei der Erstellung einer Patientenverfügung beachtet werden und welche Themen können durch diese geregelt werden?

15 Gerontologische bzw. gerontopsychiatrische Pflege

15.1 Beginnende Demenz und Pflegeprobleme – Eintritt in eine Pflegeeinrichtung

Frau N., 88 Jahre, ist vor zwei Wochen ins Pflegeheim „Haus Sonne“ eingezogen. Sie befindet sich im Anfangsstadium einer Demenzerkrankung des Alzheimer-Typs. Außerdem leidet sie unter fallweiser Harninkontinenz.

In der neuen Umgebung ist Frau N. nun gangunsicher, wirkt ängstlich und irrt durch die Abteilung. Sie lehnt es ab, zu essen und zu trinken. Einfache Fragen versucht sie zu beantworten – allerdings antwortet sie fast immer mit „Nein“. Egal, ob man fragt, ob sie essen oder trinken, auf die Toilette gehen, einen Film sehen oder an einer Bastelgruppe teilnehmen möchte: Frau N. schüttelt den Kopf oder sagt: „Nein.“ Oft wirkt sie weinerlich.

Bei einer Größe von 170 cm wiegt die Bewohnerin 59 kg. Zu Hause wurde sie von einer Heimhilfe betreut, bis der Verdacht auf eine Demenzerkrankung aufkam und bestätigt wurde. Das war auch der Grund für den Einzug in die Pflegeeinrichtung. Dort hat Frau N. ein Einzelzimmer in der Nähe des Stützpunktes. Die Heimhelferin ist eine Bezugsperson, die oft zu Besuch kommt. Auch eine Freundin kommt alle 14 Tage. Von den beiden wissen die Pflegenden, dass Frau N. gerne Musik hört.

Aufgabe 1:
Welche Prophylaxen und Pflegemaßnahmen wird man bei Frau N. einleiten?

Aufgabe 2:
Was könnte man tun, um Frau N. das Einleben zu erleichtern?

Aufgabe 3:
Welche Schwierigkeiten einer beginnenden Demenz können Sie in diesem Beispiel erkennen und wie ist in Pflege und Betreuung damit umzugehen?

15.2 Fraktur des Oberschenkelhalses und Pflegeprobleme – pflegende Angehörige

Herr K., 86 Jahre, ist vor zwei Wochen in die Wohngruppe einer Wiener Pflegeeinrichtung gezogen und hat ein Einzelzimmer. Er ist nach einem Sturz mit Fraktur des Oberschenkelhalses „nicht mehr so recht auf die Beine gekommen“, wie seine Tochter angibt.

Es liegt eine Harninkontinenz vor. Herr K. scheint in allen Dimensionen orientiert, allerdings isst er nicht viel und vergisst zu trinken. Das sei, sagt seine Tochter, auch zu Hause so gewesen. Er wiegt 65 Kilo bei einer Größe von 180 cm.

Herr K. ist zu Hause von seiner Tochter und deren Ehemann betreut worden und hat im unteren Stockwerk ihrer Maisonette (= zweistöckige Wohnung) gelebt.

Herr K. benötigt Hilfe beim Transfer und läutet, wenn er auf die Toilette möchte. Er wirkt sehr zufrieden. An Gruppenveranstaltungen möchte er nicht teilnehmen. Er gibt an, sich immer schon lieber allein beschäftigt zu haben. Zu den Essenszeiten kommt er in den Speisesaal; mit Rollator ist er mobil. Im Zimmer sieht er gerne fern und liest.

Die Tochter von Herrn K. kommt täglich mehrmals in die Wohngruppe, kontrolliert auch täglich die Medikamente sowie die Wäsche und beobachtet das Geschehen genau. Zumindest alle zwei Tagen äußert sie Unzufriedenheit mit der Pflege, kann jedoch nicht sagen, was sie gerne anders hätte. Sie beobachtet auch aufmerksam, wie die Pflegepersonen mit anderen Bewohner*innen umgehen.

Aufgabe 1:
Welche Ressourcen und Probleme sehen Sie in der Situation von Herrn K. und welche Maßnahmen können eingeleitet werden?

Aufgabe 2:
Was ist hinsichtlich des Verhaltens der Tochter zu beobachten und worauf könnte dies hinweisen? Wie geht man professionell damit um?

Aufgabe 3:
Sprechen Sie über die Situation pflegender Angehöriger und typische Belastungen.

15.3 Insult – Depression – Schluckstörungen

Frau P., 78 Jahre alt, lebt nach einem Insult mit anschließender Therapie und Rehabilitation in einer Wohngruppe am Stadtrand von Wien. Sie ist im Rollstuhl mobil und hat aufgrund einer linksseitigen Hemiparese leichte Schluckstörungen. Die ehemalige Feinschmeckerin scheint in letzter Zeit appetitlos.

Die Kommunikation mit Frau P. wird von den Pflegenden als besonders schwierig empfunden: Sie wirkt kurz angebunden, einsilbig, schaut oft ins Leere und lächelt nie. „Man dringt nicht zu ihr durch", sagen die Pflegenden, „sie reagiert eigentlich kaum." Wenn die Bewohnerin spricht, dann nur über Trauriges.

Frau P. erscheint antriebslos, und ihre früheren Hobbys (Fernsehen, Lesen) scheinen sie nicht mehr zu interessieren. Früher war sie für ihren Humor bekannt. Auch davon ist nichts mehr zu bemerken. Dieser Zustand hält bereits seit drei Wochen an; eine fachärztliche Begutachtung ist geplant. Die Bewohnerin wirkt in allen Dimensionen orientiert.

Aus der Biografie von Frau P. weiß man, dass sie Tiere liebt und zu Hause immer mindestens einen Hund hatte, zeitweise sogar zwei. Ihren geliebten Hund Bello konnte sie in die Einrichtung nicht mitnehmen; er lebt seither bei Frau P.s Schwester. Diese kommt aber selten zu Besuch.

Aufgabe 1:
Welche Probleme und Ressourcen sehen Sie in der Situation von Frau P.? Beschreiben Sie typische Symptome einer Depression. Welche davon sind bei Frau P. zu beobachten?

Aufgabe 2:
Was ist bei der Pflege und Betreuung von Frau P. in der Kommunikation zu beachten? Welche Maßnahmen sind einzuleiten?

Aufgabe 3:
Was ist beim Pflegeproblem „leichte Schluckstörungen" zu beachten? Welche Kost ist für Frau P. geeignet?

15.4 Schizophrenie – Ernährungssituation – nächtlicher Sturz

Frau S., 89 Jahre alt, lebt in einer geriatrischen Pflegeeinrichtung. Bei ihr wurde Schizophrenie diagnostiziert; meistens ist Frau S. diesbezüglich jedoch beschwerdefrei.

Mit Rollator ist die Bewohnerin mobil, sie benötigt leichte Hilfestellungen bei der Körperpflege oder beim Vorbereiten des Essens und hat sich ansonsten gut in ihrem Zimmer und mit ihrer Situation eingerichtet. Bei einer Körpergroße von 175 cm wiegt sie 59 kg.

Wenn Frau S. Symptome ihrer Erkrankung zeigt, ist sie der festen Überzeugung, dass mit ihr und allen anderen Bewohner*innen „Strahlenexperimente“ durchgeführt werden. Sie deutet dann auf das Fenster, in dem sich die Sonne spiegelt, läutet und sagt: „Sehen Sie, jetzt ist es wieder soweit. Man vergiftet uns mit Strahlen, die durch das Fenster kommen!“ Frau S. wirkt dann ängstlich und geht im Zimmer auf und ab. Sie isst und trinkt in diesen Zeiten nicht, weil sie davon überzeugt ist, dass auch die Nahrung, die Getränke und das Wasser vergiftet sind.

Frau S.' Erkrankung wird medikamentös behandelt; trotzdem treten die genannten Beschwerden zeitweise auf. Ansonsten ist Frau S. in allen Dimensionen orientiert. Nur nachts kann es vorkommen, dass sie den Weg zur Toilette nicht gleich findet. Vorige Woche ist sie nachts auf dem Weg dorthin gestürzt.

Aufgabe 1:
Wie ist in Pflege und Betreuung mit Frau S.' Erkrankung umzugehen, wenn sie die Überzeugung hat, vergiftet zu werden?

Aufgabe 2:
Was ist hinsichtlich der Ernährungssituation und des Körpergewichts von Frau S. zu beachten?

Aufgabe 3:
Sprechen Sie über mögliche Maßnahmen, um den nächtlichen Stürzen von Frau S. vorzubeugen, sowie über interne und externe Sturzrisikofaktoren.

15.5 Demenzielle Erkrankung – Pflegeprobleme – Wandern

Frau L., 69 Jahre, ist aufgrund einer sich schnell entwickelnden demenziellen Erkrankung in eine Demenzwohngruppe aufgenommen worden. Ihre Stimmung scheint stabil, sie zeigt keine Anzeichen von Ängstlichkeit, Ärger oder Aggression. Sie singt und entkleidet sich manchmal im gemeinsamen Aufenthaltsraum und neigt dazu, den Pflegepersonen nachzugehen. Oft streckt sie die Hand nach jemandem aus und lächelt.

Seit sie in der Einrichtung ist, hat sich Frau L.s Körpergewicht verändert. Sie hat 5 kg abgenommen und wiegt jetzt bei einer Körpergröße von 160 cm 49 kg. Sie geht viel auf und ab oder im Kreis und scheint dabei zufrieden. Am Esstisch bleibt sie nicht sitzen. Frau L. isst und trinkt allerdings, wenn man ihr einen Trinkbecher oder eine Banane in die Hand gibt. Sie geht, lacht und singt oder spricht auch während des Essens, weshalb sie sich öfter verschluckt.

Zwischen Essbarem und nicht Essbarem scheint sie nicht unterscheiden zu können.

Die Klientin ist mit einer Inkontinenzeinlage versorgt und scheint nicht äußern zu können, wenn sie Harndrang hat. Auch an den Bastel- oder Singgruppen nimmt Frau L. nicht teil, da sie gar nicht erst auf dem angebotenen Sessel Platz nimmt.

Aufgabe 1:
Welche typischen Symptome einer Demenzerkrankung sind hier zu beobachten?

Aufgabe 2:
Wo gefährden diese Symptome und Verhaltensweisen Frau L. und wie kann man ihnen in Pflege und Betreuung begegnen?

Aufgabe 3:
Sprechen Sie über das Phänomen des Wanderns, über mögliche Pflegeprobleme und den professionellen Umgang damit.

15.6 Demenz – Schmerz – Kommunikationsmöglichkeiten

Frau O., 89 Jahre alt, befindet sich seit drei Wochen auf der Remobilisationsstation einer geriatrischen Rehabilitationseinrichtung. Die Bewohnerin stürzte daheim vor zwei Monaten sehr schwer und erlitt sowohl eine Schenkelhalsfraktur des linken Oberschenkels als auch eine Serienrippenfraktur links.

Vor Jahren erkrankte Frau O. an Osteoporose und an Demenz vom Alzheimer-Typ. Die Diagnose „Demenzerkrankung" wurde bei der letzten Visite mit Frau O. besprochen. Sie zeigte sich empört und meinte, vollkommen gesund zu sein.

Sie pflegen heute Morgen Frau O. Bei der morgendlichen Begrüßung gibt sie an, dass sie sich unwohl fühlt, Bauchschmerzen wahrnimmt und kaum geschlafen hat. Dann berichtet sie, dass sie sich die vergangenen Tage krank gefühlt hätte und unter Kreislaufproblemen litt. Frau O. bittet Sie, keinen Arzt zu holen. Sie meint, dass die Beschwerden wieder vergehen werden. Schließlich kommt heute Nachmittag die Seniorenanimateurin, darauf freut sie sich schon die ganze Woche. Dann beginnt Frau O., Kriegsgeschichten zu erzählen, der Redefluss ist kaum zu stoppen. Sie wiederholt sich in ihren Erzählungen immer wieder, dabei wirkt sie sehr aufgeregt.

Aufgabe 1:
Beschreiben Sie typische Symptome der Demenz vom Alzheimer-Typ und leiten Sie anschließend wesentliche Pflegemaßnahmen ab.

Aufgabe 2:
Erläutern Sie den Unterschied zwischen akutem und chronischem Schmerz. Wie können Schmerzzustände bei dementen Menschen professionell beobachtet und eingeschätzt werden?

Aufgabe 3:
Welche Möglichkeiten der Kontaktaufnahme und Kommunikation mit an Demenz erkrankten Personen stehen Ihnen als Pflegeassistent*in zur Verfügung? Beschreiben Sie anschließend die Umsetzungsmöglichkeiten bei Frau O.

15.7 Schizophrenie – Trauerarbeit – Suizidprävention

Frau D., 54 Jahre alt, erkrankte vor Jahren an Schizophrenie. Es ist ihr sehr wichtig, unabhängig und selbstbestimmt zu sein, deshalb lebt sie in einer betreuten Wohngemeinschaft für psychisch kranke Frauen. Dort fühlt sie sich sehr wohl. Frau D. pflegte einen intensiven Kontakt zu ihrer Tante, diese ist jedoch vor einigen Wochen verstorben. Das hat Frau D. regelrecht aus der Bahn geworfen, sie hatte nämlich den Großteil ihrer Kindheit und Jugend bei ihrer Tante verbracht. Auf sämtliche Zuwendungen der Betreuungspersonen reagiert Frau D. sehr negativ und abweisend. Sie beginnt sich immer mehr in ihr Zimmer zurückzuziehen und vernachlässigt ihre Selbstpflege.

Die beiden Mitbewohnerinnen beklagen sich bei den Betreuungspersonen, dass Frau D. sich sehr verändert habe und sie mit ihr nicht klarkämen. Frau D. schreit immer wieder laut, dass sie sich umbringen möchte, damit sie bei ihrer geliebten Tante sein kann.

Aufgabe 1:
Beschreiben Sie die Ursachen, Symptome und Risikofaktoren der Schizophrenie.

Aufgabe 2:
Erläutern Sie die Phasen der Trauerbewältigung. Welche Form der pflegerischen Intervention wäre für Frau D. ratsam?

Aufgabe 3:
Welche Themen beinhaltet die Suizidprävention? Beschreiben Sie die von Ihnen genannten Themen ausführlich.

15.8 Demenz vom Alzheimer-Typ – Anschuldigungen – Pflege- und Betreuungsmöglichkeiten

Frau O., 91 Jahre alt, wird seit 11 Jahren von Heimhelfer*innen und Pflegeassistent*innen im häuslichen Bereich betreut und gepflegt. Vor fünf Jahren wurde eine demenzielle Erkrankung vom Alzheimer-Typ diagnostiziert. Seit wenigen Tagen beschuldigt Frau O. die Pflegekräfte, dass sie wertvolle Bettwäsche und teure Schmuckstücke gestohlen hätten. Die Kundin ist sehr aufgebracht, am nächsten Tag kann sie sich jedoch nicht mehr daran erinnern. Sie öffnet ohne Probleme die Wohnungstüre und lässt die Heimhelfer*innen und Pflegeassistent*innen in ihren Haushalt.

Auffallend ist auch, dass Frau O. zunehmend diverse Gegenstände verlegt oder diese nicht mehr handhaben kann. So fragte sie zuletzt mehrmals die Heimhelfer*in, was das „für ein Ding“ sei. Dabei zeigte sie auf die Kaffeemaschine und den Mikrowellenherd. Dann stellte sie die Kaffeekanne in den Wäscheschrank.

Frau O. wird morgens von Pflegeassistent*innen versorgt, mittags erfolgt ein Heimhilfeeinsatz. Ab 14 Uhr kommt die Nichte, die im gleichen Haushalt wohnt, von der Arbeit nach Hause und pflegt Frau O. bis morgens um 8.00 Uhr.

Die Nichte hat zunehmend die Sorge, dass sie Frau O. am Vormittag nicht mehr alleine lassen kann. Es fiel ihr zuletzt auf, dass Frau O. mehrmals vormittags die Kaffeemaschine eingeschaltet hatte und die Heizplatte bei ihrer Heimkehr überhitzt war. Die Nichte gibt weiters an, dass sie sich eine Ausweitung der Dienste nicht leisten könne.

Aufgabe 1:
Welche Bedeutung haben die Anschuldigungen und die unkorrekte Handhabung der Geräte und Gegenstände im Bezug auf die Demenz vom Alzheimer-Typ? Wie können Sie diesen Problemen im Pflegealltag begegnen?

Aufgabe 2:
Welche weiteren Pflege- und Betreuungsmöglichkeiten stehen Frau O. zur Verfügung? Welche Schritte wären in weiterer Folge einzuleiten? Begründen Sie Ihre Ausführungen.

Aufgabe 3:
Beschreiben Sie ausführlich das Krankheitsbild „Demenz vom Alzheimer-Typ".

Teil IV
Kommunikation und Beziehungsgestaltung: Ein-, zwei- und mehrdimensionale Fallbeispiele

16 Ebenen einer Nachricht – Sachebene (eindimensional)

Praktikant Andreas teilt im ersten Praktikum in der Langzeitpflege das Frühstück aus. Herr N., ein freundlicher Klient, sagt zu ihm: „Sie sind neu hier?" Andreas denkt darüber nach, was der Klient damit gemeint haben könnte. Er fragt sich, ob er einen Fehler gemacht hat und deshalb wirkt wie ein „Neuer". Fast ärgert ihn die Frage von Herrn N.

Aufgabe 1:
Welche „Ebenen einer Nachricht" gibt es (Schulz von Thun)?

Aufgabe 2:
Mit welchem Ohr hat Andreas „hingehört" – und woran erkennt man das?

Aufgabe 3:
Wie könnte Andreas die Situation entspannt auflösen – und welche Reaktion wäre ein Fehler?

17 Ebenen einer Nachricht – Appellebene (eindimensional)

Frau M., 45 Jahre, ist zur Gallenentfernung auf der chirurgischen Station aufgenommen worden. Alle Untersuchungen sind plangemäß verlaufen und Frau M. wurde auf die Operation vorbereitet. Sie ist eine freundliche Frau, von Beruf Verwaltungsangestellte. Sie ist mobil und kann sich selbst versorgen.

Am Abend vor der Operation läutet sie ab 22 Uhr mehrmals. Einmal möchte Frau M. wissen, wann sie am nächsten Tag operiert werden wird. Obwohl das schon erklärt wurde, wiederholt die Nachtschwester die Auskunft geduldig. Dann läutet Frau M. wieder und fragt, ob sie schon alle Medikamente bekommen hat oder ob heute noch etwas auf dem Programm steht. Die Nachtschwester verneint: Es gibt heute keine Medikamente mehr und Frau M. ist fertig versorgt. „Sie brauchen nur noch zu schlafen“, sagt sie zu der Patientin.

Nach zehn Minuten läutet Frau M. noch einmal. „Sind Sie auch wirklich sicher, dass nichts vergessen wurde?“, fragt sie.

Aufgabe 1:
Wie schätzen Sie das Verhalten von Frau M. ein? Warum läutet sie immer wieder?

Aufgabe 2:
Denken Sie an die unterschiedlichen Ebenen einer Nachricht nach Schulz von Thun: Was könnte Frau M. auf der Appellebene sagen, was möchte sie?

Aufgabe 3:
Was wäre aus Ihrer Sicht gut für Frau M.?

18 Ebenen einer Nachricht – Selbstoffenbarungsebene (eindimensional)

Frau M., 58 Jahre, wird wegen unklarer Blutbefunde zur Abklärung auf einer internen Station aufgenommen. Sie war erst ein Mal im Krankenhaus, und das vor Jahrzehnten, als Jugendliche. Damals hat sie sich beim Sport den Oberarm gebrochen. Während sie ihre Sachen ausräumt und die Pflegeassistentin ihr zeigt, wo alles zu finden ist, kritisiert Frau M., das Zimmer wäre „im hintersten Winkel". Dann sagt sie: „So wie das hier alles ausschaut, funktioniert die Glocke wahrscheinlich auch nicht."

Ihr Ehemann, der mit zur Aufnahme gekommen ist, sagt draußen am Gang zur Pflegeassistentin: „Das ist unüblich, ich kenne das nicht von meiner Frau. Sie ist sonst immer freundlich und entgegenkommend."

Aufgabe 1:
Wie schätzen Sie das Verhalten von Frau M. ein? Was wäre ein möglicher Grund für diese – für Frau M. unübliche – Art der Kommunikation?

Aufgabe 2:
Denken Sie an die unterschiedlichen Ebenen einer Nachricht nach Schulz von Thun: Was könnte Frau M. auf der Selbstoffenbarungsebene sagen, was beschäftigt sie vielleicht?

Aufgabe 3:
Wie könnte eine falsche, wie eine richtige Reaktion der Pflegeassistentin auf Frau M.s Verhalten aussehen?

19 Beziehungsebene – Sachebene (zweidimensional)

Johanna, Svetlana und Christian machen ein Praktikum in der Akutpflege. In der Mittagspause treffen sie sich regelmäßig und tauschen ihre Erfahrungen aus. „Mir gefällt es nicht auf meiner Station", sagt Johanna, „ich darf nichts machen, und die Praxisanleiterin bevorzugt die Diplom-Schülerinnen pausenlos. Sie dürfen überall zuschauen, ich darf nur Dinge tun, die ich längst kann."

Christian sagt: „Da hatte ich offenbar mehr Glück. Ich darf mehr, allerdings habe auch ich das Problem, dass das Personal auf der Station lieber andere Dinge macht, als uns anzuleiten. Aber die Stationsleitung ist in Ordnung, und im Großen und Ganzen ist es okay. Aber mehr sehen würde ich gerne."

Svetlana sagt: „Akutpflege ist sowieso ein schwieriges Praktikum für Pflegeassistenten. Wir können dort nicht viel lernen, weil die Diplom-Schülerinnen und die Pflegefachassistenz-Auszubildenden mehr dürfen."

Aufgabe 1:
Was sagen die drei Auszubildenden jeweils auf der Beziehungsebene über ihr Empfinden zu den anleitenden Pflegepersonen auf ihren Stationen aus?

Aufgabe 2:
Was sagen sie auf der Sachebene jeweils konkret über das, was sie dort tun und lernen können (oder eben nicht)?

Aufgabe 3:
Stellen Sie sich vor, die drei Auszubildenden suchen das Gespräch mit der Praxisanleiterin, um ihre Situation zu verbessern. Wie könnte man die Aussagen auf der Sachebene möglichst klar gestalten?

20 Wertschätzende Kommunikation (eindimensional)

Sabina macht ihr Praktikum in der Langzeitpflege. Am ersten Tag geht es auf der Station hektisch zu und aufgrund der Grippewelle fehlt Personal. Die Praxisanleiterin bittet Sabina im Vorbeigehen, das Erstgespräch auf den nächsten Tag zu verschieben. Sabina ist einverstanden und wird mit einer Diplomierten Gesundheits- und Krankenpflegeperson mitgeschickt, die zwar freundlich ist, aber, wie sie sagt, „wenig Zeit zum Erklären hat", weil „die Bewohnerinnen versorgt werden müssen". Am Nachmittag gibt man Sabina Bandagen zum Aufwickeln, lässt sie beim Austeilen des Kaffees mitmachen und die Apothekenlieferung und die Wäsche ausräumen.

So geht es zwei Tage lang. Auf der Station sind alle freundlich, haben aber wenig Zeit für die Anleitung. Sabina würde gerne aktiver an der Pflege der Bewohner*innen mitwirken, aber dazu kommt es nicht. Auch das Erstgespräch mit der Praxisanleiterin hat noch nicht stattgefunden.

Aufgabe 1:
Was sind grundsätzlich die Kennzeichen wertschätzender Kommunikation und welche Art der Kommunikation ist *nicht* wertschätzend?

Aufgabe 2:
Überlegen Sie, wie Sabina der Praxisanleiterin in wertschätzender Form sagen könnte, was sie gerne hätte und was für sie schwierig ist.

Aufgabe 3:
Wie sollte Sabine die Gesprächssituation wählen und gestalten? Welche Fehler soll sie vermeiden?

21 Feedback-Regeln (eindimensional)

Jennifer macht eine Ausbildung zur Pflegeassistentin. Die Klasse hat einen Arbeitsauftrag bekommen, der in der Gruppe zu erledigen ist.

Erst werden die einzelnen Tätigkeiten verteilt (Recherche zum Thema „Berufsgruppen in der Pflege“ und die Gestaltung eines Plakates dazu). Jeder soll bei der Plakatgestaltung die Tätigkeit der Berufsgruppe auch in einer Zeichnung oder einem Bild darstellen. Anschließend sollen die sechs Teilnehmer*innen einander Feedback geben. Johannes hat seinen Teil recherchiert und einen guten Artikel über die Pflegeassistenz gefunden. Auch die Kompetenzen hat er auf einem Zettel aufgelistet. Den Rest der Stunde hat er aber damit verbracht, im Internet zu surfen. Sein Teil der Plakatgestaltung ist nicht fertig, und das, was er dazu begonnen hat, erscheint Jennifer schlampig und passt nicht zur getroffenen Vereinbarung. Zeichnungen oder Bilder hat Johannes keine gesucht.

Aufgabe 1:
Welche Feedback-Regeln kennen Sie?

Aufgabe 2:
Wie soll Jennifer das Feedback an Johannes gestalten, um diese Regeln einzuhalten?

Aufgabe 3:
Wie würde ein Feedback aussehen, das Johannes wahrscheinlich nicht annehmen wird?

22 Kommunikation verbal und nonverbal (eindimensional)

Gülsen wird im Praktikum von der Diplomierten Gesundheits- und Krankenpflegeperson zur Pflegeanamnese mitgenommen. Die Patientin, Frau P., antwortet auf alle Fragen und gibt bereitwillig Auskunft. Die Pflegeperson notiert alles auf dem Anamneseblatt. Dann macht sie eine Pause und verlässt mit Gülsen das Zimmer. Sie sagt zu ihr: „Haben Sie bemerkt, dass die Klientin nicht bei der Sache ist? Irgendetwas beschäftigt sie." Die Pflegeperson geht daraufhin noch einmal zur Patientin zurück.

Als sie zurückkommt, sagt sie zu Gülsen: „Ich hatte recht. Die Patientin betreut ihre Mutter und wird dabei von einer 24-Stunden-Betreuerin unterstützt. Frau P. macht sich Sorgen um ihre Mutter und die gesamte Situation zu Hause."

Aufgabe 1:
Erklären Sie, worum es sich bei „verbaler" und „nonverbaler" Kommunikation handelt.

Aufgabe 2:
Frau P. hat in der verbalen Kommunikation nichts Auffälliges geboten. Woran könnte die Diplomierte Gesundheits- und Krankenpflegeperson aber bemerkt haben, dass etwas nicht stimmt?

Aufgabe 3:
Was kann man grundsätzlich auf dem Weg nonverbaler Kommunikation tun, um einer Patientin das Gefühl zu geben, dass man ihr zuhört und dass sie gut aufgehoben ist?

23 Selbst- und Fremdwahrnehmung – Kompromiss (zweidimensional)

Ingo macht die Ausbildung zum Fachsozialbetreuer. Er ist ein Schüler, dem es leichtfällt, zu lernen. Fallweise kommt er zu spät in den Unterricht. Dort beschäftigt er sich ab und zu mit Spielen auf seinem Laptop, manchmal führt er auch Gespräche mit seinem Sitznachbarn. Manchmal wiederum ist er so vertieft, dass er nicht bemerkt, dass die Lehrperson hinter ihm steht und ihm zusieht. Prüfungen und Tests bewältigt er. Weil er immer erst in letzter Minute zu lernen beginnt, sind seine Noten durchschnittlich. Zwischenfragen im Unterricht kann er manchmal nicht beantworten.

Ingo ist allerdings motiviert. Eine Vortragende spricht ihn darauf an, ob er sich für die Ausbildung auch wirklich interessiert. Ingo ist erstaunt und empfindet die Frage als unfair. Er möchte gerne Fachsozialbetreuer werden. Durchschnittliche Noten genügen ihm.

Aufgabe 1:
Erklären Sie, was Selbst- und was Fremdwahrnehmung ist.

Aufgabe 2:
Welche Selbstwahrnehmung hat Ingo wahrscheinlich von sich und wie kommt die Vortragende zu ihrer Anschauung?

Aufgabe 3:
Wie könnte ein Kompromiss aussehen, den Ingo und die Vortragende treffen?

24 Selbst- und Fremdwahrnehmung – Ich-Botschaft (zweidimensional)

In der Ausbildung zur Pflegefachassistenz kommt die Vertreterin einer Firma zu einem Gastvortrag. Sie stellt ein neues, kompliziertes Dokumentationssystem vor. Sie bemüht sich, den Vortrag ansprechend zu gestalten.

Sie hat noch nicht oft vorgetragen, aber es macht ihr Freude. Als die Klassenvorständin sie später fragt, wie der Vortrag gelaufen sei, sagt sie: „Sehr gut! Ich glaube, die Klasse hat das System verstanden und kann sich etwas darunter vorstellen."

Als die Klassenvorständin einige Tage später in die Klasse kommt und auf Rückfrage der Klassensprecherin sagt, dass auch dieser Vortrag Prüfungsstoff sei, sind die Auszubildenden entsetzt. Sie haben, sagen sie einhellig, zwar viele Unterlagen bekommen, aber „nicht wirklich etwas verstanden".

Aufgabe 1:
Beschreiben Sie die unterschiedlichen Selbst- und Fremdwahrnehmungen in diesem Beispiel.

Aufgabe 2:
Erklären Sie, was eine Ich-Botschaft ist und wozu sie dient.

Aufgabe 3:
Beschreiben Sie eine Ich- (bzw. eine Wir-) Botschaft, die die Klassensprecherin nach Rücksprache mit der Klasse an die Klassenvorständin formulieren könnte.

25 Aktives Zuhören (eindimensional)

Nicole hat im Praktikum im Pflegeheim Abenddienst. Frau S., die Gattin eines 65-jährigen Bewohners, der an Demenz erkrankt ist, kommt täglich zu Besuch. Sie hat mit der Situation zu kämpfen und braucht, wie sie auch selbst sagt, ein „offenes Ohr". Daher hat man es sich im Team zur Gewohnheit gemacht, regelmäßig zehn Minuten mit Frau S. zu sprechen.

DGKP Marlene überträgt diese Aufgabe Nicole, da sie einen Klienten in einer palliativen Pflegesituation versorgen möchte. „Nehmen Sie sich ruhig Zeit", sagt Marlene zu Nicole, „und gehen Sie dazu in unser Besprechungszimmer."

Aufgabe 1:
Was ist „aktives Zuhören" und wozu dient es?

Aufgabe 2:
Wie kann Nicole vorgehen, wenn sie dieses Prinzip anwendet?

Aufgabe 3:
Was wären typische Fehler, die sie vermeiden muss?

26 Nonverbale Kommunikation – Kongruenz (zweidimensional)

Herr K. leidet an einer rheumatischen Erkrankung und ist in stationärer Behandlung. Die Frage, ob er Schmerzen hat, beantwortet er häufig mit „Nein“. Von Herrn K. ist bekannt, dass er auch ab und zu sagt, er wolle „kein Theater“ machen.

DGKP Ulla, die den Auszubildenden Nino anleitet, erklärt diesem, dass Herr K. daher genau beobachtet werden muss – auch dann, wenn er Schmerzen verneint. Sie erklärt Nino, dass es auch Schmerzäußerungen gibt, die nicht verbal ausgedrückt werden.

Aufgabe 1:
Erklären Sie, worum es sich bei einer Inkongruenz zwischen verbalen und nonverbalen Äußerungen handelt.

Aufgabe 2:
Wie können nonverbale Schmerzäußerungen aussehen und worauf achtet man dabei?

Aufgabe 3:
Was muss daher bei einem Patienten wie Herrn K. besonders beobachtet werden?

27 Distanzzonen – nonverbale Kommunikation – Berührung (mehrdimensional)

Frau L. leidet an einer demenziellen Erkrankung. Sie versteht deshalb die Bedeutung von Worten nicht immer und kann sich auch nicht verbal ausdrücken. Manchmal scheint sie Angst zu haben, geht nervös im Zimmer auf und ab, sieht misstrauisch um sich, scheint sich im Bad verstecken zu wollen oder hält sich die Hände vor das Gesicht.

Aufgabe 1:
Erklären Sie, wie man mit nonverbaler Kommunikation (Berührungen) versuchen könnte, Frau L. Sicherheit zu vermitteln. Was könnte ihr ein gutes Gefühl geben?

Aufgabe 2:
Benennen und beschreiben Sie die vier Zonendistanzen.

Aufgabe 3:
Erklären Sie, woran Sie erkennen könnten, dass Frau L. eine Berührung vielleicht „zu nahe" war.

28 Paraphrase – Einschränkung des Hörvermögens (zweidimensional)

Herr K. ist ein aktiver, freundlicher Bewohner einer Wohngruppe für junge Menschen. Aufgrund einer starken Einschränkung seines Hörvermögens spricht er manchmal schwer verständlich, da er die Sprache nicht so gut erlernen konnte wie andere Menschen, indem er hört und nachspricht. Er bemüht sich aber darum, verständlich zu sprechen.

Herr K. spricht auch gerne und viel und verfügt über die Ressource des Lippenlesens. Damit es nicht zu Missverständnissen kommt, ist es sinnvoll, die Technik des Paraphrasierens anzuwenden.

Es kommt manchmal vor, dass Herr K. den Eindruck hat, dass zwei Personen, die im Raum *miteinander* sprechen, über ihn reden. Das ärgert ihn und er kann darauf ungehalten reagieren.

Aufgabe 1:
Erklären Sie, worum es sich bei der Technik des Paraphrasierens handelt.

Aufgabe 2:
Erklären Sie, was man beachten muss, damit Herr K. seine Ressource „Lippenlesen" auch gut einsetzen kann.

Aufgabe 3:
Was kann man tun, damit Herr K. nicht den Eindruck hat, er wäre aus einem Gespräch ausgeschlossen?

29 Entlastungsgespräch – Rollenwechsel – Paraphrasieren (mehrdimensional)

Frau R. besucht ihre Mutter fast täglich im Pflegeheim. Sie hat sie davor zu Hause gepflegt und wirkt sehr besorgt. Den Pflegenden ist sie sehr dankbar – das betont sie auch immer wieder. Sie möchte sich gerne an der Pflege ihrer Mutter beteiligen, wirkt aber müde und überfordert; manchmal weint sie.

Zu Pflegeassistentin Ingrid scheint sie Vertrauen gefasst zu haben und Ingrid hat manchmal das Gefühl, dass Frau R. sich etwas von der Seele reden möchte. Eines Tages setzt sich Frau R. und beginnt zu erzählen. Jahrelang hat sie ihre Mutter zu Hause versorgt, jetzt sei alles so anders. In der Rolle der Besucherin kommt Frau R. sich überflüssig vor.

Aufgabe 1:
Erklären Sie, was eine soziale Rolle ist. Wie sieht der Rollenwechsel von Frau R. aus und wie könnten die Pflegenden ihn ihr erleichtern?

Aufgabe 2:
Wie gestaltet man ein Gespräch, das das Gegenüber entlasten soll?

Aufgabe 3:
Stellen Sie sich vor, dass Frau R. sehr viel erzählt. Was ist eine Paraphrase und wie könnte man sie dann einsetzen?

30 Spiegeln (eindimensional)

Herr F., Patient auf der Chirurgie, hätte am Sonntag entlassen werden sollen. Da ein wichtiger Blutbefund noch nicht da ist, hat man sich entschieden, dem Patienten nahezulegen, noch bis Montag zu bleiben.

Herr F. ist verärgert, enttäuscht und macht seinem Ärger Luft. Die Pflegenden versuchen, ihn zu beschwichtigen. Das sei alles nicht so schlimm: „Ist ja nur noch eine Nacht“, sagen sie zu ihm. Er lässt sich dadurch aber nicht beruhigen, sondern scheint im Gegenteil noch verärgerter. „Begreift denn hier keiner, wie schlimm das für mich ist?“, ruft er. Als Pflegeassistent Michael es gut meint und sagt, dass der Tag ja schnell vorbeigehen würde, macht Herr F. die Tür mit Nachdruck zu.

Aufgabe 1:
Erklären Sie, worum es sich bei der Technik des Spiegelns handelt. Wozu setzt man sie grundsätzlich ein?

Aufgabe 2:
Wie würde es aussehen, wenn eine Pflegeperson Herrn F. mit der Spiegel-Technik begegnet, statt ihn zu beschwichtigen?

Aufgabe 3:
Was ist die Schwierigkeit am beschwichtigenden Verhalten der Pflegenden?

31 Authentizität – Ich-Botschaft (zweidimensional)

Frau L. ist eine Patientin mit Kinderwunsch, die deswegen in Behandlung ist. Die Pflegenden bemühen sich, wie bei allen Patient*innen, um Geduld und Höflichkeit. Aber Frau L. behandelt sie oft herablassend, indem sie ihnen ins Wort fällt und sie unterbricht. Sie droht zu unterschiedlichsten Anlässen, sich zu beschweren. Manchmal erhebt sie die Stimme und wird laut; einmal hat sie die Türe zugeworfen.

In der Teambesprechung hat man beschlossen, Frau L. freundlich, aber klar zu verstehen zu geben, dass man sich einen Umgang wünscht, in dem beide Seiten einander respektvoll begegnen.

Aufgabe 1:
Erklären Sie, worum es sich bei der Authentizität nach Rogers grundsätzlich handelt.

Aufgabe 2:
Wie könnte die Umsetzung dieses Prinzips in diesem Beispiel aussehen?

Aufgabe 3:
Formulieren Sie zwei mögliche Aussagen in Form einer Ich-Botschaft.

32 Berufliche Rolle (eindimensional)

Frau S., Patientin auf einer internen Station, hat die Diagnose „Diabetes mellitus Typ II“ erhalten. Das bedeutet, dass sie ihre Ernährungs- und Lebensgewohnheiten umstellen muss. Die reise- und genussfreudige Frau ist deshalb verzweifelt.

Praktikantin Jella geht das sehr nahe, und sie versucht, besonders freundlich zu Frau S. zu sein. Aber Frau S. scheint darauf nicht einzugehen. Im Gegenteil, sie bittet Jella, sie lieber allein zu lassen und aus dem Zimmer zu gehen. Jella belastet das; sie hat das Gefühl, etwas falsch gemacht zu haben.

Aufgabe 1:
Was ist eine Rolle?

Aufgabe 2:
Was ist unter der „beruflichen Rolle“ einer Pflegeperson zu verstehen und was bedeutet es, dass Jella in dieser Rolle das Verhalten der Patientin nicht persönlich nehmen darf?

Aufgabe 3:
Welche Art von Hilfe könnte Jella sich holen und wo könnte sie das tun?

33 Aphasie (eindimensional)

Frau B. ist 70 Jahre alt und leidet nach einem Schlaganfall unter Aphasie. Sie ist in allen Belangen voll orientiert, hat aber Schwierigkeiten, zu sprechen.

Manchmal verwechselt Frau B. Worte oder braucht sehr lange, um das passende Wort zu finden. Es dauert, bis sie einen Satz formuliert hat, und manchmal macht Frau B. lange Pausen.

Aufgabe 1:
Erklären Sie, worum es sich bei einer Aphasie handelt.

Aufgabe 2:
Wie sollen die Pflegenden sich in Kommunikationssituationen gegenüber Frau B. verhalten – was ist zu tun und was muss man vermeiden?

Aufgabe 3:
Welches Hilfsmittel könnte man Frau B. anbieten, das die Verständigung erleichtert?

34 Dysarthrie (eindimensional)

Frau D. ist 72 Jahre alt und leidet nach einem Schlaganfall mit linksseitiger Hemiparese unter Dysarthrie. Wenn sie spricht, variiert dabei die Lautstärke. Vor allem aber bereitet ihr das Sprechen Mühe – die Artikulation ist ungenau, die Sprache klingt undeutlich. Außerdem empfindet die Patientin beim Sprechen verstärkten Speichelfluss.

Frau D. gibt an, es oft zu vermeiden, unter Leute zu gehen, weil ihr dieses Problem unangenehm ist.

Aufgabe 1:
Erklären Sie, worum es sich bei einer Dysarthrie handelt.

Aufgabe 2:
Was ist in der Kommunikation mit Frau D. zu beachten?

Aufgabe 3:
Welche Gefahr birgt die Rückzugshaltung von Frau D.? Was wäre besser und wie kann man Frau D. dabei unterstützen?

35 Kommunikation mit blinden Klient*innen (eindimensional)

Frau K. ist 85 Jahre alt und seit ihrer Geburt blind. Seit zwei Wochen lebt sie auf der Pflegestation einer Seniorenresidenz und fühlt sich dort sehr wohl. Sie ist ohne Hilfsmittel mobil, in allen Belangen orientiert und liebt Musik.

Wichtig ist, so sagt Frau K., dass sie genug Zeit hat, sich auf die neue Situation einzustellen. Sie sei es gewohnt, sich allein zurechtzufinden, und könne das auch gut, sobald sie nur wisse, was sie wo finde.

Aufgabe 1:
Was beachtet man allgemein in der Kommunikation mit blinden Menschen?

Aufgabe 2:
Wie kann man Frau K. in Essenssituationen unterstützen, sich zurechtzufinden?

Aufgabe 3:
Wie kann man Frau K. als Pflegeperson die Orientierung in der neuen Umgebung erleichtern?

36 Kommunikation mit im Hörvermögen eingeschränkten Klient*innen (eindimensional)

Herr L., 82 Jahre alt, leidet unter einer starken Einschränkung seines Hörvermögens. Er verfügt jedoch über die Ressource des Lippenlesens.

Vor drei Wochen ist Herr L. in eine Wohngruppe für ältere Menschen eingezogen. Er ist in allen Belangen orientiert. Er sieht gerne fern; mit untertitelten Sendungen kommt er sehr gut zurecht. Als eine Bewohnerin, die hinter ihm steht, Herrn L. an der Schulter berührt, ist er erschrocken.

Aufgabe 1:
Was beachtet man allgemein in der Kommunikation mit gehörlosen Menschen oder Menschen mit Einschränkung des Hörvermögens und wie soll man daher mit Herrn L. kommunizieren?

Aufgabe 2:
Was müssen die Mitbewohner*innen wissen, was die Kommunikation mit Herrn L. betrifft?

Aufgabe 3:
Nennen Sie Fehler in der Kommunikation mit dieser Gruppe von Klient*innen.

37 Kommunikation mit Demenzbetroffenen – Wortfindungsstörungen – unglückliche Orientiertheit (mehrdimensional)

Herr Z., 66 Jahre, leidet unter Demenz vom Alzheimer-Typ. Seine Erkrankung ist im Anfangsstadium. Er findet oft nicht die richtigen Worte oder verwechselt sie. Wenn ihm ein Wort nicht einfällt, ärgert er sich und wirkt ungehalten.

Aufgabe 1:
Was ist in der Kommunikation mit Demenzbetroffenen grundsätzlich zu beachten?

Aufgabe 2:
Wodurch ist die Phase der „unglücklichen Orientiertheit" (Naomi Feil) gekennzeichnet und wie kann Herr Z. in der Kommunikation unterstützt werden?

Aufgabe 3:
Worum handelt es sich bei Wortfindungsstörungen und wie sollten Klient*innen, die darunter leiden, in der Kommunikation unterstützt werden?

38 Kommunikation mit Demenzbetroffenen – Lang- und Kurzzeitgedächtnis (zweidimensional)

Frau N., 70 Jahre, leidet unter Demenz vom Alzheimer-Typ. Sie ist mobil, wirkt jedoch oft abwesend und es fällt ihr schwer, sich auf ein Gespräch zu konzentrieren. Gelingt es, mit ihr in Kontakt zu kommen, spricht sie gerne von früher.

Wenn Frau N.s Tochter zu Besuch kommt, fragt sie oft, was es zum Mittagessen gegeben hat. Frau N. kann diese Frage meist nicht beantworten.

Aufgabe 1:
Welche zeitbezogenen Gedächtnisspeicher kennen Sie und was „enthalten" diese Speicher?

Aufgabe 2:
Welchen Gedächtnisspeicher spricht die Tochter von Frau N. an? Ist das richtig?

Aufgabe 3:
Wie entwickeln sich diese Gedächtnisspeicher im Lauf einer demenziellen Erkrankung? Welcher Speicher sollte daher angesprochen werden?

39 Kommunikation mit Demenzbetroffenen – Erreichbarkeitsstufen (zweidimensional)

Frau L., 89 Jahre, ist von Demenz betroffen und lebt in einer Wohngruppe. Es gibt Tage, an denen sie auf ihren Nachnamen, „Frau L.“, hört. An anderen Tagen scheint sie auf diese Weise nicht erreichbar. Sie erkennt sich auch nicht im Spiegel.

Auf Fotos aus ihrem jüngeren und mittleren Lebensalter reagiert Frau L. gut, so zum Beispiel auf das Hochzeitsbild. Ihre Mimik lässt darauf schließen, dass ihr das gefällt.

Aufgabe 1:
Demenziell Erkrankte können sich in unterschiedlichen „Erreichbarkeitsstufen“ (auch Interaktionsstufen nach Erwin Böhm) befinden. Worum handelt es sich dabei?

Aufgabe 2:
Wie (bzw. in welchem Teil der Pflegedokumentation) können Pflegende herausfinden, auf welche Anreden eine Bewohnerin reagieren könnte?

Aufgabe 3:
Welche Erreichbarkeitsstufen kommen für die Kommunikation mit Frau L. eventuell infrage, welche Anredeformen könnte man versuchen und was ist dabei zu beachten?

40 Konzept der Basalen Stimulation® (eindimensional)

Herr M. ist 22 Jahre alt, mehrfachbehindert und blind. Er lebt in einer Wohngruppe und fühlt sich dort sehr wohl. Das Baden hat bei ihm eine besondere Funktion: Es soll ihm dabei auch möglich werden, Sinnesreize zu erfahren und den eigenen Körper bewusst wahrzunehmen. In der Wohngruppe kommt deshalb auch das Konzept der Basalen Stimulation® zur Anwendung.

Aufgabe 1:
Erklären Sie, worum es sich bei der Basalen Stimulation® handelt und welche Wahrnehmungsbereiche dabei angesprochen werden können.

Aufgabe 2:
Bei welchen Gruppen von Klient*innen wird die Basale Stimulation® eingesetzt?

Aufgabe 3:
Welche Wahrnehmungsbereiche könnten bei Herrn M. im Rahmen eines Bades angesprochen werden und wie könnte man ihm diese Wahrnehmungen ermöglichen? Denken Sie dabei auch an die Raumgestaltung.

41 Ressourcenschöpfung – Psychohygiene – Burn-out (mehrdimensional)

Sladjana absolviert ihr erstes Praktikum in einer Wohneinrichtung für mehrfachbehinderte junge Menschen. Pflege und Betreuung machen ihr Spaß. Im Team fühlt sie sich wohl. Sladjana ist sicher, „ihren" Beruf gefunden zu haben.

Allerdings bemerkt sie, wie sehr ihr die Lebenssituationen der Klient*innen nahegehen, und das auch noch nach Dienstende. Würden die Kolleg*innen nicht darauf achten, dass Sladjana den Dienst pünktlich beendet, würde sie oft länger bleiben. „Du redest über nichts anderes mehr", sagt ihr Freund.

Aufgabe 1:
Beschreiben Sie das Zustandsbild „Burn-out" und benennen Sie die einzelnen Phasen.

Aufgabe 2:
Beschreiben Sie, was Sladjanas derzeitiger Zugang zum Praktikum mit dem Thema „Burn-out" zu tun hat.

Aufgabe 3:
Welche Möglichkeiten hat Sladjana, um mit der Situation anders und gesünder umzugehen?

42 Krise – Entlastungsgespräch – Begleitung (mehrdimensional)

Frau R., 79 Jahre, leidet unter Demenz vom Alzheimer-Typ. Die Betreuung zu Hause, die bis jetzt mit Unterstützung von Pflegeassistenz und Heimhilfe erfolgt ist, kann ihr Ehemann nicht mehr leisten. Deshalb zieht Frau R. in eine Wohngruppe.

Während Frau R. selbst sich gut einzuleben scheint, ist die Situation für ihren Ehemann krisenhaft geworden. Der freundliche, rüstige Mann ist in Betreuung durch seinen Hausarzt. Seine Frau kommt er täglich besuchen. Manchmal äußert Herr R., dass er ein „schlechtes Gewissen“ habe, weil er seine Frau „ins Heim gegeben“ habe.

Aufgabe 1:
Beschreiben Sie die Phasen einer Krise.

Aufgabe 2:
Worauf könnte ein Entlastungsgespräch mit Herrn R. abzielen, wie könnte es aussehen und was ist dabei zu beachten?

Aufgabe 3:
Wie können die Pflegenden unterstützend dazu beitragen, dass Herr R. die Situation so gut wie möglich bewältigt?

43 Elemente aus der validierenden Kommunikation: Fragetechnik (eindimensional)

Frau S., eine demenziell erkrankte Bewohnerin, läuft immer wieder durch die Wohngruppe und ruft „Ich sehe nichts, ich sehe nichts!" Ihr Sehvermögen ist nicht beeinträchtigt, und Frau S. kann sich auch sicher bewegen. Sie stößt nie an Tische oder Kanten.

Versuche, Frau S. zu erklären, dass sie *doch* etwas sieht, indem man ihr Gegenstände zeigt, führen zu keinem Erfolg. Frau S. wiederholt „ihren" Satz und scheint verzweifelt. Pflegeassistentin Ulrike ist ausgebildete Validationsanwenderin und versucht, bei Frau S. die validierende Fragetechnik anzuwenden.

Aufgabe 1:
Erklären Sie das Grundprinzip der Fragetechnik der Validation nach Naomi Feil.

Aufgabe 2:
Welche Fragen könnte Ulrike Frau S. stellen?

Aufgabe 3:
Welche Frage dürfte sie ihr keinesfalls stellen und weshalb?

44 Elemente aus der validierenden Kommunikation: allgemeine Kommunikationshaltung – Umformulieren (zweidimensional)

Herr H. ist ein demenziell erkrankter Bewohner. Oft haben die Pflegenden den Eindruck, dass er etwas mitteilen möchte, dass ihm das aber schwerfällt. Er ruft dann zum Beispiel: „Sie sind da, sind da, sind da, sind da!"

Wie es dem Prinzip der Validation entspricht, möchten die Pflegenden dem Klienten das Gefühl geben, dass seine Äußerung bei ihnen „angekommen" ist. Dabei benutzen sie die Technik des Umformulierens, damit Herr H. sich akzeptiert und verstanden fühlt.

Aufgabe 1:
Erklären Sie kurz, worum es sich bei der Technik des Umformulierens in der validierenden Kommunikation handelt.

Aufgabe 2:
Versuchen Sie, Beispiele für solche Umformulierungen im Gespräch mit Herrn H. zu finden. Wie könnten solche Sätze aussehen?

Aufgabe 3:
Welche allgemeinen Kommunikationsregeln müssen im Umgang mit Herrn H. beachtet werden?

45 Elemente aus der validierenden Kommunikation: bevorzugtes Sinnesorgan – allgemeine Kommunikationshaltung (zweidimensional)

Herr P. ist ein 85-jähriger, demenziell erkrankter Bewohner einer Pflegeeinrichtung, in der viele Pflegepersonen in der Validation ausgebildet sind. Sie achten daher besonders darauf, welches die bevorzugte Sinneswahrnehmung der Bewohner*innen ist. Bei Herrn P. ist es das Hören. Aus der Biografie ist bekannt, dass Herr P. mit Leidenschaft Opern hört.

Aufgabe 1:
Überlegen Sie, welche bevorzugten Sinneswahrnehmungen andere Bewohner*innen haben könnten.

Aufgabe 2:
In der Validation versucht man, die bevorzugte Sinneswahrnehmung von Klient*innen möglichst oft und gut anzusprechen. Wie könnte das bei Herrn P. aussehen?

Aufgabe 3:
Welche allgemeinen Kommunikationsregeln müssen im Umgang mit Herrn P. beachtet werden?

46 Deeskalation (eindimensional)

Frau G. ist eine demenziell erkrankte Bewohnerin einer Seniorenresidenz. Wenn sie sich sicher fühlt, ist sie zugänglich und beteiligt sich an der Körperpflege oder an Betreuungsangeboten. An manchen Tagen zeigt sie allerdings bereits eine erhöhte Körperspannung, sobald die Pflegenden das Zimmer betreten. Frau G. beschimpft diese dann und schreit. Einmal hat sie versucht, mit einer Banane nach den Pflegepersonen zu werfen. Beim Austausch im Team hat man festgestellt, dass Frau G. dieses Verhalten meist dann zeigt, wenn sie ängstlich ist.

Aufgabe 1:
Erklären Sie den Begriff „Deeskalation" und stellen Sie dar, welches Ziel man damit verfolgt.

Aufgabe 2:
Beschreiben Sie allgemein mögliche Techniken der Deeskalation.

Aufgabe 3:
Überlegen Sie, welche kommunikativen Techniken der Deeskalation man bei Frau G. anwenden könnte. Wie würde das konkret aussehen?

47 Realitätsorientierungstraining (ROT) – 24-Stunden-ROT (eindimensional)

Frau J. ist eine demenziell erkrankte Bewohnerin, die in einer Wohngruppe lebt. Die Bewohnerin befindet sich im Anfangsstadium der Erkrankung. Sie hat Schwierigkeiten, sich in alltäglichen Situationen zurechtzufinden. Beispielsweise zieht sie die Bluse über dem Mantel an, findet ihr Zimmer nicht und fragt immer wieder nach der Uhrzeit. Auf der Station wird das Konzept des ROT angewendet. Bei Frau J. ist ein „24-Stunden-ROT" geplant.

Aufgabe 1:
Beschreiben Sie, worum es sich bei ROT und „24-Stunden-ROT" handelt. Was sind die Ziele?

Aufgabe 2:
In welchen Stadien einer demenziellen Erkrankung profitieren Klient*innen in der Regel von ROT – und in welchen nicht?

Aufgabe 3:
Beschreiben Sie mögliche Maßnahmen des „24-Stunden-ROT", die man bei Frau J. setzen könnte.

48 Realitätsorientierungstraining (ROT) – Gedächtnistraining (eindimensional)

Sozialfachbetreuerin Diana soll am Vormittag ein Gedächtnistraining mit einer kleinen Gruppe von Seniorinnen abhalten. Sie leben in der Wohngruppe „Sonne“, sind zwischen 85 und 90 Jahre alt und nicht demenziell erkrankt. Das Gedächtnistraining soll Spaß machen, „Sprichwörter“ zum Thema haben und an das Lebensalter der Klientinnen angepasst sein. Diana hat freie Hand und kann die Einheit selbst gestalten.

Aufgabe 1:
Überlegen Sie, welche Gruppengröße für ein solches Gedächtnistraining günstig ist.

Aufgabe 2:
Nennen Sie Ziele und Vorteile des Gedächtnistrainings.

Aufgabe 3:
Schlagen Sie eine einfache Übung vor, die Diana mit der Gruppe machen könnte, und begründen Sie Ihren Vorschlag.

49 Impulssetzung nach Erwin Böhm – Kommunikationsformen (zweidimensional)

Im Haus „Garten“ wird mit dem Psychobiografischen Pflegemodell nach Erwin Böhm gearbeitet. Frau Z., 69 Jahre, ist eine Klientin, die derzeit antriebslos wirkt. Sie befindet sich im Anfangsstadium einer demenziellen Erkrankung und ist der verbalen Kommunikation im Moment nicht zugänglich. Im Team wurde als Pflegeimpuls geplant, einmal pro Woche einen Therapiehund zu Frau Z. zu bringen. Das soll sie zur Aktivität motivieren, und zwar in Form der sogenannten Re-Aktivierung.

Aufgabe 1:
Erklären Sie, was im Pflegemodell nach Erwin Böhm mit einem Pflegeimpuls gemeint ist.

Aufgabe 2:
Warum ist bei Frau Z. Re-Aktivierung geplant und worum handelt es sich dabei?

Aufgabe 3:
Was muss in der Interaktion mit Frau Z. beachtet werden, wenn sie verbaler Kommunikation nicht zugänglich ist? Welche Kommunikationskanäle gibt es noch?

50 Biografiearbeit: Ziele (eindimensional)

Herr K., 85 Jahre, ist gut orientiert und aufgrund von steigendem Pflegebedarf, beginnender Harninkontinenz und wiederholten Stürzen in eine Seniorenwohngruppe eingezogen. Er ist ein optimistischer, freundlicher Mann, der der Übersiedlung viel Positives abgewinnt.

Herrn K.s Tochter ist einerseits erleichtert, dass ihr Vater gut aufgehoben ist, andererseits beobachtet sie das Geschehen in der Wohngruppe genau. Als Sozialfachbetreuer Mustafa die Biografie ihres Vaters erhebt, will sie wissen: „Wozu brauchen Sie diese Informationen?“

Aufgabe 1:
Sprechen Sie über die Ziele und Aufgaben von Biografiearbeit im Rahmen von Pflege und Betreuung.

Aufgabe 2:
Überlegen Sie, welche Bedenken Herrn K.s Tochter bezüglich der Biografiearbeit haben könnte. Was soll Mustafa ihr antworten?

Aufgabe 3:
Schildern Sie den möglichen Ablauf eines biografischen Gesprächs mit Herrn K. und erklären Sie den Unterschied zwischen dem „Abfragen" von Informationen und einem biografischen Gespräch auf Augenhöhe.

Literaturverzeichnis

Beckmann, G., Mielke, A. (2012): Hygiene in ambulanten Pflegediensten. Berlin: Raabe.

Beckmann, G., Mielke, A. (2013): Hygiene 1x1 Infektionskrankheiten – Hygiene in ambulanten Pflegeeinrichtungen sicher und sofort umsetzen. Broschüre.

Beichler, H. (2017): Erste Hilfe für Gesundheitsberufe. Wien: Facultas.

Bischoff, C. (1994): Ganzheitlichkeit in der Pflege. Berlin: Mabuse.

Bischoff, C. (1996): Zum Ganzheitsbegriff in der Pflege. In: Krüger/Piechotta/Remmers (Hg.): Innovationen der Pflege durch Wissenschaft. Bremen: Alterna, S. 103–129.

Biser, E., Hahn, F., Langer, M. (2004): Lexikon des christlichen Glaubens. München: Pattloch.

Breuß, W., Österle, U. (2012): „Mobile Hilfsdienste". In: Amt der Vorarlberger Landesregierung, Abteilung Gesellschaft und Soziales & connexia – Gesellschaft für Gesundheit und Pflege gem. GmbH (eds), *Unterstützung der Pflege zu Hause*. Bregenz.

Brucker, U. et al. (2009): Grundsatzstellungnahme Pflegeprozess und Dokumentation. Handlungsempfehlungen zur Professionalisierung und Qualitätssicherung in der Pflege. Essen: Medizinische Dienste der Spitzenverbände der Krankenkassen e. V.

Bundesministerium für Arbeit, Soziales und Konsumentenschutz (2008): Behindertenbericht. Wien: BMASK.

Cloerkes, G. (2007): Soziologie der Behinderten. Eine Einführung. 3. Aufl. Heidelberg: Universitätsverlag Winter.

Dennis, C. M. (2001): Dorothea Orem: Selbstpflege- und Selbstpflegedefizit-Theorie. Bern: Huber.

Döbele, M., Becker, U., Glück, B. (Hg.) (2006): Beifahrersitzbuch – Ambulante Pflege. Heidelberg: Springer.

Ehmann, M., Völker, I. (2000): Spezielle Pflegeplanung in der Altenpflege. 2., überarb. Auflage. München: Urban & Fischer Verlag.

Erdmann, Y. (2013): Der Pflegeführer – ambulant. Sicher zur richtigen Pflege. Aachen: Shaker media.

Ewers, M., Schaeffer, D. (2000): Case Management in Theorie und Praxis. Bern: Huber.

Ewers, M., Schaeffer, D. (Hrsg.) (2005): Am Ende des Lebens. Versorgung und Pflege von Menschen in der letzten Lebensphase. Bern: Huber.

Fichtinger, C., Rabl, R. (2014): Arbeitsumfeld Hauskrankenpflege. Herausforderungen in der Hauskrankenpflege erkennen und meistern. Springer: Wien.

Fiechter, V., Meier, M. (1985): Pflegeplanung. Eine Anleitung für die Praxis. 4. Auflage. Basel: Rocom.

Reiter, M., Fenzl, R. M., Aiglesberger, M., Hollinger, I., Paminger, M. (2018): Pflegeassistenz. Lehrbuch für die Pflegeassistenz und das 1. Jahr der Pflegefachassistenz. Wien: Facultas.

Resetarics, P. (2015): Grundlagen pflegerischen Handelns. Lehrbuch für die Ausbildung im gehobenen Dienst für Gesundheits- und Krankenpflege. Wien: Facultas.

Schön, G., Seltenreich, M. (2018): Praxiswissen Kontinenz. Leitfaden für eine unterstützende Pflege. Wien: Facultas.

Steidl, S., Nigg, B. (2014): Gerontologie, Geriatrie und Gerontopsychiatrie. Ein Lehrbuch für Pflege- und Gesundheitsberufe. 4., überarb. Auflage. Wien: Facultas.